1人サロン
経営で月額100万円を実現する7つの秘策

田村 聡 著

セルバ出版

はじめに

「月100万円なんて、今の私にはイメージできません」そんな声を、これまで沢山聞いてきました。しかし、誤解を恐れずに言いますと、「1人サロンで月額100万円というのは、誰でも達成できる可能性を持っている」私は、こう考えています。

多くのサロンオーナーさんは、ご自身の「施術」に関して、かなりの知識や技術をお持ちです。しかし、「経営の技術」については、学んでいない方のほうが圧倒的に多い。「そもそも知らない」のですから、実践のしようもありません。

私は本書を通して、あなたに「1人サロン経営の秘訣」をお伝えしたいと考えています。これらは決して「机上の空論」ではなく、すべて「現場で叩き上げられてきたもの」ばかりです。実際、私は数多くのサロンをサポートする中で、これらを実践し、急成長を遂げるサロンを沢山見てきました。その「秘訣」をあなたにもお伝えしたいと考えています。

ただし事前に断っておきますと、本書に「魔法のようなノウハウ」は存在しません。「この通りやれば、誰でも一瞬で月額100万円稼ぐサロンになる!」といった話でも、ありません。「この通りにやったから」といって、成功する保証もありません。

なぜなら、サロンの現状や環境に「全く同じ」ということはなく、地域性や店構え、技術力や対応力といった面は、千差万別だからです。仮に本書にある通りに実践できたとして、個々に合わせた微妙なチューニング。あなたなりの試行錯誤は必要となります。

しかしそれでも、「知らない土地で、地図も持たずに目的地を目指す」といったような経営を続けるより、「先に目的地に辿り着いた人達が、実際に使ってきたナビゲーション」を持ち合わせた経営にシフトするほうが、その成功率は高くなるのではないでしょうか？

あなたの現状は、あなたの「未来の結果」とは関係ありません。仮に今、「経営のことなんて、何もわからない」という状況であったとしても、ご安心ください。そんなあなたのために、本書を書きました。「今は輝いて見えるスゴい人」も、スタートはあなたと同じ。「ゼロ」や、「1」というときも、あったのです。そこから、行きたい場所を明確にして歩み始めたか？　その場で立ち止まってしまうか？　ただ、それだけの差に過ぎません。

本書を手に取っていただいたあなたには、ぜひ、歩み始めてほしいと願っています。「遅すぎる・早すぎる」ということはありません。「今いる場所」から、歩み始めればいいし、「今いる場所」から、歩み始める以外、ないのです。

本書を通して、1人でも多くのサロンオーナーが、各々の目標を達成できることを願っています。

２０１９年５月

田村　聡

1人サロン経営で月額100万円を実現する7つの秘策　目次

第2章　9割のサロンは「旗」がないから、苦労する

第3章　価格設定を間違うと、永遠に目標達成は不可能に

第4章　「売れる」メニューのつくり方

第5章　集客の悩みは「場所と手段」の決定で解決できる

第6章 お客様が「減らない」サロンをつくる

第7章 月100万円稼ぐサロンの目標設定とは

第8章　ノウハウよりも大切なこと

おわりに

第1章

「1人口説けば100人口説ける」法則

1　ターゲット設定の重要性

「1人口説けば、100人口説ける！」私がよく口にする言葉です。なんだか恋愛話のようですが、1人を口説くというのは集客の基本となります。逆に最初から、「100人口説きたい！」と考えると、誰も振り向いてくれないものです。

サロン経営において「1人を口説く」とは、「ターゲット（来てほしいお客様）を、1人に絞る」という意味です。多くのサロンでは、「ウチはこんなメニューがあって。こんなのもオススメです。こんなオプションも・・・。だから、あんな人や、こんな人にもオススメだし。こんな悩みや、あんな症状も改善できます」といった、「見せ方」になっています。「誰でもいいから来て！」という状態ですね。しかしこれでは、誰にも響きません。

ターゲットが不明確だと、「見込客（来てほしいお客様）の気持ち」が、見えてこないのです。「集客」とは、「相手の気持ちを知ること」から始まります。「相手」を細やかに想像することで、

・どんなことに悩んでいるか？
・どんな希望を叶えたいのか？
・どんな言葉が響くのか？
・どんな見せ方がいいのか？

・どんな集客方法が合っているのか？

こういった部分の予測が、はじめて立つのです。結果、「どんなモノ・サービスなら、喜んで買ってくれるか？」「どんなコトバを使い、どんな見せ方が好ましいか？」といった部分まで、掘り下げて考えることが可能となります。

例えば最近ですと、都内で「オタク専用美容室」が、大繁盛しているようです。店内もオタク用にマンガやフィギュアが充実。スタッフも全員オタクなので、会話にも困らないという徹底ぶり。これは極端な例ですが、初めて存在を知ったときは「賢い戦略だな」と、感心しました。徹底的に「来て欲しいお客様」が明確になっている。かつ、その方に喜んでいただける「サロンづくり」をしているのですから、人気店になるのは当然の結果と言えます。

ぜひあなたも、ターゲットを明確にして、「１人を口説けるサロン」になってください。結果、いつの間にか「１００人口説ける」サロンになっていきますからね。

2 ターゲット設定の成功事例「ターゲット設定がハマると、こうなる！」

滋賀県のまつげエクステサロン「Emily」。オーナーの佐々木さん（図表１）とは、テナント出店前からのお付き合いがあり、開業前からサポートさせていただきました。初めてお会いしたときは、自宅と出張でマツエクサロンを営業されていましたが、私の「テナントに出店しましょう！」とい

〔図表１　佐々木オーナー〕

う一声で、店舗探しを開始。その翌週には不動産屋を回るようになり、スグに今の物件と出会って即決。２か月後にはオープンされたという、かなりの行動力の持ち主です。

こちらのサロンでは、若年層から広がりはじめた「まつげエクステ」を、「大人のまつエク」として、「30代以上をメインターゲットに」設定。空間からサービス、広告の打ち出し、メニュー内容に至るまで。「オトナの女性」に喜んでいただけるよう、サロンづくりを徹底しました。

結果、開業当初から順調に業績を伸ばし、現在では1か月半先まで、予約が埋まるサロンとなっています。あまりに客数が増えたため、当初は1人サロンとしてスタートしましたが、現在はスタッフを２名雇用。

その後も安定した経営を継続されています。

ちなみに、3名体制のサロンではありますが、佐々木オーナー「1人だけ」での売上も、月額100万円を切らないそうです。現在は新たに雇用したスタッフのトレーニング中とのことですが、実質2人でも年商2000万円は十分に射程距離。おそらくスタッフさんのトレーニングを終えれば、そのラインも超えることでしょう。

もちろん、「ターゲット設定だけが成功要因」というワケではありませんが。「それがハマった好例」と言えます。当初、ごく一般的だった「若年層狙い」でサロンづくりをした場合、おそらく同じ結果にはなっていなかったハズです。

3 あなたの「理想のお客様」を明確にする、7つの質問

それではここから、あなたの「理想のお客様」を明確にするために、7つのカンタンな質問をします。この質問に答えていくだけで、「理想の1人」が明確になってくるはずです。せっかくなので、ぜひ今すぐペンを手に取って、紙に書き出してみてください（次ページ参照）。

7つの質問、いかがでしたか？　まだ書き出していない方は、今スグやってみましょう。そして、あなたの「目の前にいるかのように」イメージしてください。その人の日常も、想像してみましょう。難しいようなら、サロンに実際にいる顧客の中から、1人を選んで当てはめても構いません。

〔図表２　理想のお客様を明確にする7つの質問〕

（質問１）性別･･･あなたのサロンに来てほしい、「理想のお客さま」は、女性ですか？　男性ですか？

（質問２）年齢・・・あなたの「理想のお客様」は、何歳ですか？ここでは、「40 代」といった答えではなく、「45 歳」といった感じで、明確にお答えください。

（質問３）職業・・・その人は、どんな職業に就いていますか？もしくは、専業主婦でしょうか？　「接客業」といった曖昧なモノではなく、例えば「アパレル」といった具合に、具体的にお答えください。

（質問４）家族構成・・・その人は、どんな家族構成でしょうか？例えば、夫と子供が２人いる場合、その年齢や職業も含めて、お答えください。

（質問５）収入・・・その人の収入はいくらで、世帯収入はいくらでしょうか？

（質問６）興味・関心・・・その人は、どんなことに興味や関心を持っていますか？　どんな雑誌を読んでいるでしょうか？　趣味などもあれば、合わせてお答えください。

（質問７）悩み･希望･･･その人は、どんなことに悩んでいますか？もしくは、どんな希望（こうなりたい）を持っていますか？「それが叶うなら、喜んでお金を支払う」と本人が思っていることを、イメージしてください。もちろん、あなたが解消してあげられる、叶えて差し上げることができるモノを、お答えくださいね。

4　その1人にあなたは、「何を」提供できますか

あなたの「理想のお客様」が明確になったら、「その人に、何が提供できるのか？」を、明確に言語化しましょう。

サロンによって、色んなパターンが考えられるので、ここでは具体例を出してみますね。

・最近、気になりはじめた「ほうれい線」をうすく、目立たなくできる。
・コンプレックスになっている、顔のエラ張りをカットで解消して、小顔に見せることができる。
・デスクワークでひどくなった、腰痛をラクにできる。
・暖かい季節に気になる二の腕をスリムにして、ノースリーブを楽しめるようにできる。
・これまで失敗を繰り返してきたダイエットを、成功させることができる。
・爪へのダメージがなく、長持ちするネイルを楽しめる。
・自然な仕上がりで、「盛った感のない」マツエクができる。

などなど。基本的な考え方としては、「あなたの理想のお客様の「悩み」を、あなたは、どう解消できるのか？」という問いの答えが、「あなたが提供できるもの」となります。まずはあなた自身が、それらを明確にするのです。

あなたは「何を」提供できますか？

5　その1人に振り向いてもらうには

あなたにとっての「理想の1人」そして「その人に提供できるモノ」を明確にしたら、次に「振り向いてもらう工夫」を考える必要があります。

・どんな言葉が響くのか？
・どんなサロンなら、行きたくなるのか？
・どんなメニューなら、喜んで買うのか？
・どうすれば「期待以上」となるのか？

これらを事前に考えておくことで、その後の集客もラクになるのです。また、あなたのサロンに「共感する」お客様が、集まりやすくなるでしょう。

●その1人に振り向いてもらうには　①どんな言葉が響く

まず「その1人」には、どんな言葉が響くでしょうか？　言い方を変えれば、どんな言葉を使えば、振り向いてもらえるでしょうか？

これは、カンタンに言ってしまえば、「メリットの提示」と言えます。つまり、「あなたは、こうなりますよ」という内容ですね。お客様は、自分のメリットにしか興味がありません。

わかりやすい具体例を出すと、「3か月後に結婚式を控えていて、それまでにあと5キロ痩せたいと思っている、35歳の花嫁さん」この人が理想の1人なら、『3か月でマイナス5キロ』といった言葉が、ドンピシャですよね？

あなたにとっての「理想の1人」には、どんな言葉が響きそうですか？　いきなりパーフェクトな回答を目指さず、まずは思い浮かぶ言葉をドンドン書き出してみてください。

●その1人に振り向いてもらうには　②どんなサロンなら、行きたくなる

あなたにとって「理想の1人」であるお客様は、どんなサロンなら、行きたくなるのでしょうか？

・白を基調とした明るいお店？
・アンティーク家具をおいた、シックなサロン？
・高級ホテルのような接客？
・まるで友人のように接してくれるサロン？

「サロンづくり」と言葉にすると、とても抽象的で改善「しづらい」部分のようにも感じます。

しかし、主に女性客をターゲットとするサロンにとって、「サロンの雰囲気や、スタッフの対応」というのは、とても重要な要素の1つです。

サービス内容や施術内容はもちろんですが、「サロンそのものの雰囲気づくり」にも、十分に注意を払ってください。場合によっては、「照明を換える、壁紙を変更する」など。低予算でも大き

くインテリアの雰囲気を変えることができる手段を使うことも、オススメします。

●その1人に振り向いてもらうには　③どんなメニューなら、喜んで買う

あなたの「理想のお客様」は、どんなメニューを探しているでしょう？　どんなメニューを用意すれば、喜んで買ってくれるでしょうか？　その方にドンピシャのメニューがあるなら、メインとして見せるべきです。例えばエステサロンで、

・痩身
・脱毛
・フェイシャル

と、「3つのジャンルのメニューを扱っている」というのは、よくあるパターンです。しかし、理想のお客様が求めるモノが、「あと5キロ痩せること」なのであれば、あくまで痩身メニューをメインに、見せていきましょう。

また、「理想のお客様に合ったメニューがない」という場合は、今からでも遅くありません。理想のお客様が、確実に喜んでくれそうなメニューを用意しましょう。実際には、最初から「ドンピシャのメニューがない」ということは稀ですが。

経営を続けていく中で、「求める理想のお客様が変わる」ということは、よくあります。例えば、「脱毛サロン」としてスタートしたエステサロンで、「季節によって、売上が下がる」という問題に

直面し、「フェイシャル」をメインのメニューに据える。こういった変更によって、収益を伸ばしているサロンさんも、ありますからね。

理想のお客様は、どんなメニューを用意すれば、喜んで買ってくれるのか？ そして、どんなメニューなら、「他より高くても買いたい！」と言ってもらえるのか？ これは、『一度決めればＯＫ』というモノではなく、お客様の反応を見ながら、探求し続けるべきもの。そして、その価値がある、超重要ポイントなのです。

6 第1章のポイント

相手を知らないことには、相手の気持ちなどわかりようがありません。「ターゲット設定」というと、随分ビジネスライクに聞こえますが、実際は、「お客様の立場になって、お客様の気持ちを理解すること」こそが、本来の目的なのです。

答えは基本的に、「お客様の中」にあります。つまり、相手を知らないで、あなたの好みだけで進めると、ハズしてしまう可能性が高くなってしまうのです。

【サロ美】「でもさ、相手を絞ったら、お客さん減らないの??」

【田村】「そこがまず、大きな誤解です。あんな人にも、こんな人にもオススメ・・・という見せ方が、最も売れません。たった1人に届けるイメージを持ったほうが、結果的に

人は集まります」

【サロ美】「そういうものなの？　ターゲット以外のお客様が来なくなるんじゃない？」

【田村】「いいえ、結果的には、ターゲット以外の方も来ます。例えば〔50代からのスキンケア〕、と言われると、40代の方は〔50代から綺麗になるなら、私も〕と、なるわけです。実際、年齢化粧品と呼ばれるものは、この戦略を用いています。あえて、ターゲットを絞っているのですね」

第1章のポイント

●「悩み・希望」に加えて、性別、年齢、職業、収入、家族構成、興味関心などから、あなたの「理想のお客様」を1人、詳細にイメージして、書き出しておく。

●その人には・・・「どんなコトバが響く？」「どんなサロンなら、行きたくなる？」「どんなメニューなら、喜んで買う？」「どうなれば期待以上となる？」という4つのポイントを、明確にしておく。

●ターゲット設定とは、「相手の気持ち」を考えること。

第2章

９割のサロンは「旗」がないから、苦労する

1　あなたのサロンには「コンセプト」があるか

多くのサロンには、「コンセプト」が、そもそもありません。コンセプトとは、噛み砕いて言えば、「なぜ、あなたのサロンを選ぶべきなのか？」という、お客様のギモンに答えたものです。

考えてみれば、当然の話。あなたの街には、あなたと同じ業種のサロンが沢山あります。特に美容室においては、全コンビニを合わせた数の、約4倍以上あるのです。そんな中、「なぜ、あなたのサロンを選ぶべきなのか？」未来のお客様に対して明示することは、もはやサロンオーナーの義務と言っても、過言ではないでしょう。

「あなたのサロンに行くと、私にとってどんな良いことがあるの？」言葉にはせずとも、お客様は無意識に、こう考えています。「どんなメリットを提示できるか？」という点は、私達サロンにとって、生命線なのです。

- 自分がどうなるのか？
- どんな体験ができるのか？
- その結果、自分の生活（未来）がどう変わるのか？

突き詰めて言えば、お客様の興味は、そこにしかありません。「超・自分目線」です。こう言ってしまうと、なんだかお客様がワガママのように聞こえますが、あなたも買う側のときは同じ。私だってそうです。ですから、「お客様のメリットを、わかりやすく伝える」という意味で、コンセプトは非常に役立つのです。

何より、コンセプトを明確にすることで、「ライバルを減らす」ことも可能となります。例えば、「ウチは青果店です！」というよりも、「他では手に入らない、南国フルーツ専門店です！」という店のほうが、単純にライバルは少ないですよね？

サロンに置き換えて言えば、「ウチはエステサロンです！」と言うよりも、「ウチは短期ダイエットできる、痩身エステです！」と言ったほうが、ダイエットに興味のある方には、響きますし、ライバルも少なくなります。

「でも、ウチは痩身だけじゃなくて、脱毛やフェイシャル、まつエクもオススメなの！！」

そのお気持ちも、よくわかります（笑）。

でも、「アレもコレもいいですよ！」と言ってしまうと、結果的に特徴がボンヤリしてしまい…。結果、ライバル競争にドンドン巻き込まれます。そして、遅かれ早かれ低価格競争へと突入し、「集客しても忙しくなるばかりで、利益が残らない・・・」といったパターンに、ハマってしまうのです。実際、私の元に相談に訪れるサロンオーナーさんの中には、このような悩みを抱えている方が、大勢いらっしゃいます。

このような事態を避けるためにも、あなたは「コンセプト」を明確にし、ライバル競争から一歩、抜け出してくださいね。

2　コンセプトがハマった成功事例「東京都　Amelie Beaute」「京都府 DIETA・月」

東京都のエステサロン、「Amelie Beaute」。

オーナーのERI（図表3）さんとは、3年ほどのお付き合いになります。当初はフェイシャル系をメインにされていたのですが、「バストアップ」をメインにしたサロンへと、変更。

結果、平日昼間の営業でも、月商100万円を達成するサロンへと、急成長を遂げているのです。なんと、この方向転換後、ほんの数か月の出来事。ERIさんのサロンはその後も安定した収益を上げ続けており、最近ではテレビ取材などのオファーもくるようになっています。

「バストアップ」への変更で、尖ったコンセプトを打ち出すことがなければ、今のような状態には至らなかった可能性が高く、「コンセプト変更がハマった好例」と言えるでしょう。

「京都府　DIETA・月」

コンセプトは本当に重要ポイントなので、違うサロン業種の実例も、ご紹介しておきます。

全くの新天地である京都府で、1人サロンからスタートし、現在「肩こり頭痛改善専門サロンDIETAディエタ」「ヘッドリンパ専門サロン　月　つき」の2店舗を展開されている、中谷オーナー

〔図表３　ERIオーナー〕

〔図表４　中谷オーナー〕

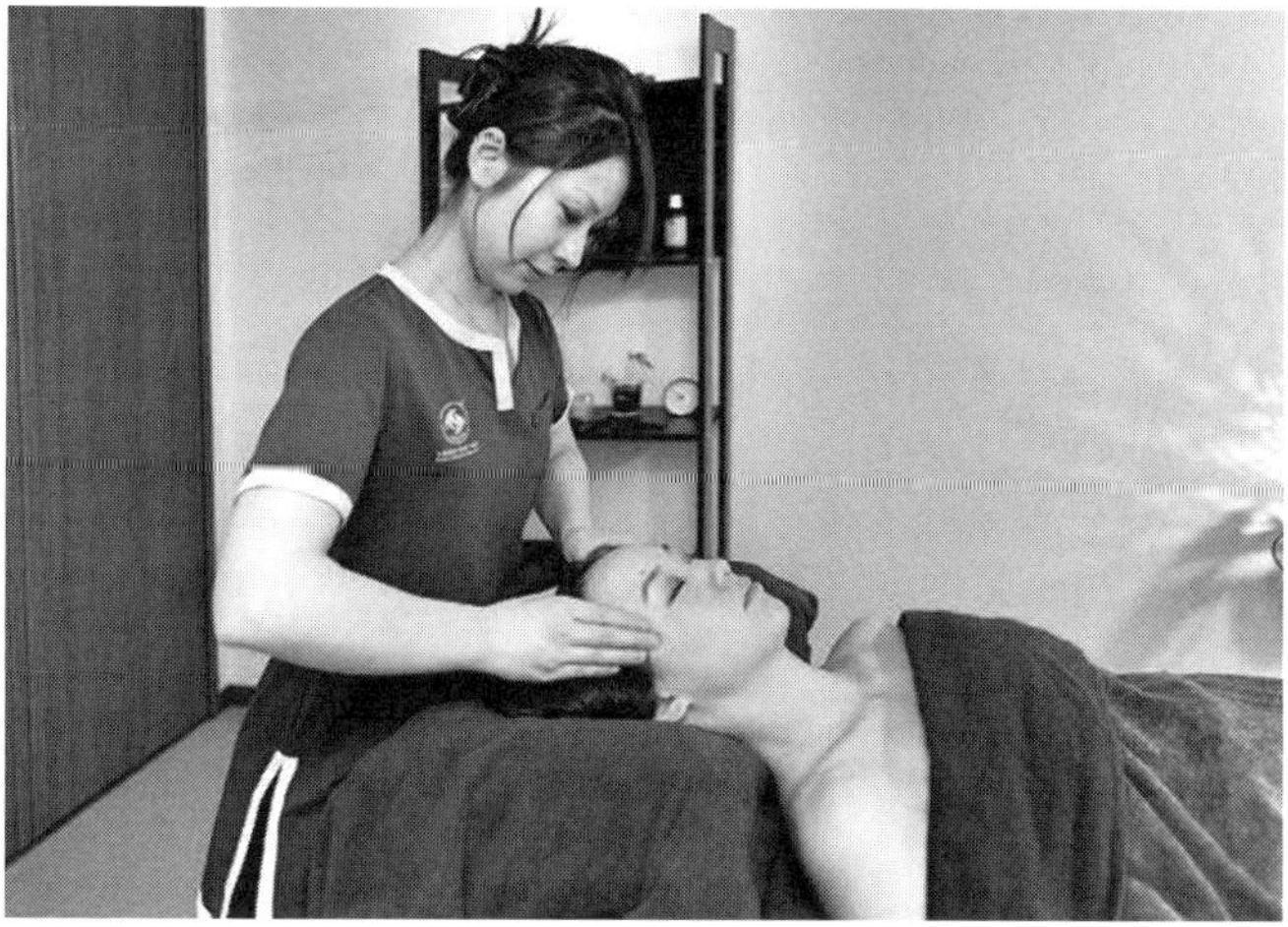

です。リラクゼーション激戦区の京都市中京区で、スタッフ8名体制で営業されるまでに事業を伸ばされています。

・肩こり頭痛改善専門

・ヘッドリンパ専門

それぞれ明確でわかりやすいコンセプトを打ち出しつつ、2店舗のコンセプトを分けることで、なんと、「道をはさんで向かい合わせで出店」されているのです。こうすることで、予約状況に合わせてスタッフの行き来も容易に。また、コンセプトに合ったリピート率の高いお客様に支持され、今や大人気サロンとなっています。

中谷オーナー（図表4）とも、もう長いお付き合いがあり、集客面などサポートさせていただきましたが、本当に成長が目覚ましいサロンであり、コンセプトがハマった好例とも言えるでしょう。

【サロ美】「ウチ、コンセプトなんてないわ・・・。やっぱ、あったほうがいいの？」

【田村】「コンセプトがしっかりハマれば、集客面で有利なだけでなく、価格競争からも脱却できます。どこで買っても同じモノは、価格で比較されますからね。結果、安いサロンに流れてしまうのです。安くしないと集客できないというのも、そういった意味で幻想ですからね。単に、『違いがわからないから安い店が選ばれているだけ』と言えます。極端な話、１００均で売ってるもので、品質の違いがわからないモノなら、１００均で買いますよね？」

【サロ美】「確かに・・・。私もコンセプト考えるわ」

3　コンセプト決定前に行う「リサーチ」の重要性

コンセプト決定の前に、「競合リサーチ」は必ず行うべきです。競合リサーチとは言葉通り、「ライバル店のリサーチ」を、意味します。事前にリサーチを行うことで、サロン経営における「あらゆる決定」が、カンタンになるのです。

例えば、「価格の決定」1つとってみても、「感覚」で決めるなんて、経営者のやることではありません。「あなたが欲しい価格」も大切ではありますが、一通り、周囲の状況は調べておくべきです。

あなたがサロンを経営するエリアには・・・、

・どんなサロンがある？
・同業サロンは、いくつある？
・どんなメニュー展開をしている？
・どんな価格帯？
・どんな雰囲気？
・どんな強み、弱みがありそう？
・どんなお客様がターゲット？

・実際に、どんなお客様が集まっている？

こういった部分を、先に調べておきましょう。そうすれば、「こういうサロンづくりをすれば、周りに埋もれないな」とか、「あの店にはこういう強みがあるけど、ウチは、こういう部分で勝負すれば・・・」、「あそこは価格設定が高いけど、流行ってるな。なぜだろう？　ウチでも真似できる部分は・・・」なんてことも、少しずつ明確になってきますからね。

【田村】「例えば私は、はじめて開業したとき、『1席サロン』というコンセプトで美容室をオープンしました。これはリサーチの結果、そういったサロンが県内に見当たらなかったからです。結果、このコンセプトはウケて、タウン誌にも『見開き2ページ』にて無料掲載されるなんてことも。目立つことがすべてではありませんが、こういうことだって、リサーチなしでは気づけないことですからね」

【サロ美】「よその店の良いところって、真似していいの？」

【田村】「よい質問です。モチロン第三者目線から見て、『丸パクリやん！』と言われるような真似はダメ。自分の首を締めることになります。しかし、『こういう部分は素晴らしいから、ウチではこの部分を参考にしよう』といったものなら、取り入れてもいいですね。この辺りは、モラルの問題なので、慎重に考えてください」

【サロ美】「なるほど、慎重にね」

【田村】「モラルを無視するような商売は、長続きしませんからね」

4　具体的なリサーチの方法

【サロ美】「でも実際リサーチって、どうやって調べんの??」

【田村】「リサーチそのものはカンタンなので、いくつか方法をご紹介しておきますね」

●リサーチの手順①ネットで検索

まずは、「ネットで検索」です。「地名＋あなたの業種」で、ネット検索してみましょう。おそらく、数多くのサロンが出てくるハズ。ちなみに「地名」は、最初は範囲を狭く。徐々に広くしていくと、より多くのサロンが見つかります。

まずは、「○○町　エステ」、「○○駅　エステ」といった最も狭い範囲からはじめて、「○○市　エステ」、「○○区　エステ」↓「○○県　エステ」といった流れで、「範囲を広げていく」イメージで行うとよいでしょう。

ちなみに、私が住んでいる徳島県のように、人口の少ない地域（県内人口78万人）では、「県名」で検索しないと、あまりヒットしない可能性が高いです。

また、「ホットペッパービューティー等のクーポンサイト」も、同業のリサーチには適しています。

地域のクーポンサイトやクーポン誌、タウン誌等も、リサーチには有効な媒体と言えるので、一通り目を通しておきましょう。私も常に、こういった「手っ取り早くリサーチできる媒体」には、目を通していましたからね。

●リサーチの手順②街を歩く

ネット検索にヒットしないものの、繁盛しているというサロンも中にはあります。また、ネット「だけで」調べるより、実際に街を歩いて確かめるほうが、新たな発見もあるハズです。立地条件1つとっても、「ネットだけ」では見えづらいモノがありますからね。

●リサーチの手順③聞き込み

意外と有効なリサーチの1つが、「聞き込み」です。実際に知人や友人に、「この辺りで、良い○○サロン知らない??」といった感じで、聞き込みしてみましょう。

少し手間ではありますが、「実際にそこに通っている人の声」なんかを聞くこともできる、かなり有効な手段です。

●リサーチの手順④サロンに「客として」行く

リサーチの結果、「良さそう」と感じたサロンや、流行っているサロンには、実際にお客として行ってみましょう。「他のサロンに行ってこそ、学べること」がありますし、そういう視点で見れば、色んな気づきがあるものです。

そうして得たものは、他の手段では手に入らないモノばかりですし、ホームページや広告からは読み取れない情報も、店内には詰まっています。

流行っているサロンも「理由なく」そうなっているのではありません。私自身、県内外問わず、色んなサロンに行くようにしていますが、今も勉強になることばかりです。

【サロ美】「なんだか、タイヘンね・・・」

【田村】「確かに面倒ですが、リサーチにはその価値が十分にあります。リサーチの結果を元に、差別化を考えていくこともできますし、実際にサロンに行ってみたりして、『コレはいいな』という部分は、あなたのサロンにも取り入れていけばいいのです」

唯一無二である必要はない

ここまでお伝えしてきた手順でリサーチを行っていけば、近隣店の、「強み・弱み・特徴」などが、見えてきます。それらを加味して、あなたのサロンのコンセプトをつくっていきましょう。

ただし、ここで1つ注意点として、「唯一無二である必要はない」ということは、覚えておいてください。「コンセプトを明確にしましょう！」という話をすると、差別化を意識するあまり、「マニアック過ぎるコンセプト」を、考えてしまう方がいます。しかしこれでは、一般客に伝わらず、「で、結局、○○って何なの??」という、疑問しか湧きません。

伝わらない＝売れない、という結果になってしまうので、この点には十分気をつけてください。具体的には、友人や家族に口頭で伝わるようであれば、問題ありません。逆に、「なにそれ？」と言われた場合は、表現を考え直しましょう。

意外と自分では、「普通に伝わる」と思っているものが、実はそうではない、ということはよくあります。私は仕事柄、よくサロンの広告やホームページ、ブログなども拝見しますが、「何のサロンだろう？」「何が言いたいのだろう？」と感じるサロンは、ゴマンとありますからね。あなたのサロンは、そうならないように気をつけましょう。

5　コンセプトの具体的なつくり方

ここから、コンセプトの具体的な「つくり方」について、お伝えしていきます。おおまかに分けると、

・メニューで絞る
・ターゲットで絞る

という、2種類の方法。加えて、「数字を盛り込めないか？」という視点で考えていきます。

●コンセプトの具体的なつくり方①メニューで絞る

まずは、「メニューで絞る」という方法から見ていきましょう。これについては、読んで字のごとく、「何らかのイチオシメニューに絞って、コンセプトとして見せていく」という方法です。具体例を挙げると、

・40代からの美肌フェイシャル専門店
・美脚づくり専門エステ
・ほうれい線エステ専門店
・3キロ痩せて見える小顔カット
・自然な仕上がりの縮毛矯正ならおまかせ！
・夢見心地のヘッドスパ専門店
・冷え性改善アロマリンパ
・爪にゼロダメージのパラジェル専門店
・1回で腰痛改善
・座るだけでウエストダウンするよもぎ蒸し

といった感じです。

つまり、複数あるサロンのメニューから、「あえて1つ」を選び、コンセプトとして見せる。

また、このメニューを選ぶときは、基本的に、あなたが最も自信のあるもの。イチオシメニュー

を掲げることができれば、理想的です。そうすることで、結果的により多くの人に響き、振り向いてもらえるサロンとなりますからね。

【サロ美】「でもそんなことしたら、他のメニューが売れなくならない??」

【田村】「ご安心ください。ターゲット設定と似た話になりますが、結果的に見せ方を絞ったほうが、より多くの人に響きます。そして、イチオシのメニューに集まったお客様の満足度は、自然と上がりやすい。あなたのサロンに対して満足度が高いお客様には当然、他のメニューも買っていただきやすいですからね」

●コンセプトの具体的なつくり方②ターゲットで絞る

続いて、もう1つのコンセプトのつくり方。こちらは、「ターゲットで絞る」という方法になります。こちらも文字通り。ターゲットを絞ることで、コンセプトをつくっていきます。

ターゲット設定の章でもお話した、「オタク専門美容室」などは、この好例ですね。具体例を出すと、

- 自然派グレイカラーができる美容室
- 大人のナチュラル派まつエクサロン
- 50代からの美しい指先をつくるネイルサロン
- 静かに過ごせる「貸し切り」美容室
- 3か月以内に痩せたい人限定の痩身エステ

・明日に間に合う小顔フェイシャル

あくまで一例になりますが、このような感じです。つまりターゲットの、「年齢層・悩み・要望・趣向」等に合わせて、「まさに、あなたのためのサロンですよ！」と、訴求する。あまりにニッチ過ぎるところは攻めないほうがいいですが、ある程度絞るほど、「あ、私のためにあるようなサロンだ！」と、感じてもらいやすいのです。

●コンセプトの具体的なつくり方③数字を盛り込む

ここで、コンセプトのつくり方の最後に、「数字を盛り込む」という手法をお伝えしておきます。先にお伝えしておくと、残念ながらこれは、「すべてのサロンで使える」というものではありません。しかし、上手く活用できれば、より多くのお客様に興味を持ってもらうことができます。

まずはわかりやすいように、具体例を挙げましょう。実は、ここまでにご紹介した例の中にも、数字を盛り込んだものがいくつかあります。

・3キロ痩せて見える小顔カット
・5センチ背が高く見えるO脚改善
・1回で腰痛改善
・3か月でマイナス10キロが実現する痩身エステ
・1回でウエストマイナス5センチ

いかがでしょうか？　たとえば単に、「小顔に見えるカット」よりも、「3キロ痩せて見える小顔カット」のほうが、より具体的で、イメージしやすい。心に引っかかりやすいはずです。もっと言えば、「50代からの年齢肌専門フェイシャル」といったモノは、「数字を盛り込んだ」事例で、かつ「ターゲットで絞り」ながら、「メニューでも特化している」と言えます。

とはいえ、そこまで「複合的に」こだわる必要はありません。まずは、「可能であれば、数字も活用する」と、覚えておいていただければと思います。

【田村】「とはいえ、根拠のない数字を使うのはＮＧです。なぜなら、それは結果的に、お客様の満足度を落とす原因になるから。数字を使うときはあくまで、根拠のある数字を使うように心がけてくださいね。数字の活用は、上手にやれば有効ですが、一歩間違えるとマイナス効果。諸刃の剣であることを、覚えておきましょう」

6　実際のコンセプト活用方法

あなたのサロンのコンセプトが決まったら、実際に活用していきましょう！　基本的には、あなたが持つ「あらゆる媒体で」、コンセプトを明確に見せていけばよいのです。例えば、

・ホームページ
・ブログ

・チラシ
・クーポンサイト
・ＳＮＳ

など。あなたが持つ媒体で明示していくことで、「ここは、こういう特徴があるサロンなんだな」「こういうメニューが得意なサロンができたんだ」というふうに、徐々に認知されていくようになります。あなたのコンセプトが完成したら、早速、取り入れてみてください。

7　コンセプトは「見せる場所や季節」で変えてもいい

「コンセプトって、媒体によって変えてもいいのですか？」「コンセプトって、季節によって変えても大丈夫ですか？」といったご質問を、よくいただきます。答えは、双方「イエス」です。

コンセプトというと、「一度決めたら一生もの」のようなイメージを持つ方もいらっしゃいますが、決してそんなことはありません。柔軟に、変更を繰り返しても問題ないのです。

例えば、実際に私がサポートしているサロンの実例で言いますと、

・クーポンサイトは脱毛
・チラシは痩身
・ホームページは全部載せ

というように、使う媒体ごとに「見せるコンセプト」を使い分けて、上手くいっている方も沢山おられます。また、

・秋冬はフェイシャル
・春夏は脱毛と痩身

といった感じで、「季節ごとに売れやすいメニューをメインに見せる」という手法は、多くのサロンが行っている戦略です。

つまりコンセプトとは、「たった1つに定めて、ずっとそれで勝負する！」というものではなく（それも悪くはないですが）、「見せる場所や、季節によって、柔軟に変更していくもの」と言えます。

これは、やってみないとわからない部分も大きいのですが、「チラシでは、これが売れやすい」とか、「クーポンサイトでは、こっちの集客効果が高い」といったことが、現場ではよく起こります。媒体の特性によって、「集まりやすい人」に違いがあったり、「ニーズそのものの違い」が、発生するためです。

この辺りについては「集客」に関する章で詳しくお伝えしますので、ここでは、「コンセプトは場所や季節で変更してもいい」と、覚えておいてください。

【サロ美】「私、冬に脱毛メニュー売ろうとしてたわ」

【田村】「そういうミスも、知識1つで回避できますからね」

8　第2章のポイント

エステ・美容室・リラクゼーション・まつエク・ネイル・整体など。良くも悪くも、こういったサロンは街に沢山あります。そんな中、「違い」が明示できなければ、お客様は価格や雰囲気「だけで」サロンを選ぶほかないのです。

「価格を安くしないと、集客できないんです」「たくさん集客できても、結局は利益が残りません」こんなご相談をよくいただきますが、その原因の1つとなっているのが、まさに「コンセプト」なのですね。

世の中には、コンセプトが明確に「ない」サロンが、山ほどあります。過半数どころではありません。８割以上のサロンは、明確なコンセプトを打ち立てていない。これは本当にモッタイナイことではありますが・・・。「コンセプトのつくり方」をすでに知ったあなたにとっては、「絶好のチャンス」とも言えます。

多くのサロンがコンセプトを「持たずに」戦っている中、あなたは明確なコンセプトを打ち立てることができる。ある意味、素手で勝負している相手に、武器を持って挑むことになるのです。

コンセプトの明確化によって、「なぜ、あなたのサロンを選ぶべきなのか？」、「あなたのサロンに行くと、私にとってどんな良いことがあるのか？」というお客様の疑問に、事前に答えることが可能となります。その結果、「ブランディング」などという曖昧なものではなく、明確な「差別化」を図ることも、可能となるのです。

さらに言えば、「あなたが来て欲しいお客様」が集まるようにもなっていきます。その人達が喜ぶサロンづくりを行っておくことで、おのずとリピート率も向上していくでしょう。そもそも、ターゲットとコンセプトの明確化を抜きにして、リピート率や集客の向上は、不可能なのですから。

わざわざ「ムダな苦労」をする必要はありません。ぜひ、あなたのサロンは「埋もれる」ことがないように、コンセプトを明確化してください。

第2章のポイント

- コンセプトを練る前に「リサーチ」を行う。
- 「メニューで絞る」「ターゲットで絞る」といった手法で、コンセプトを決める。
- コンセプトは、「見せる媒体・季節」によって変えてもいい。
- あなたのコンセプトが、唯一無二である必要はない。

第3章

価格設定を間違うと、永遠に目標達成は不可能に

1　価格設定の重要性

意外なほど多くのサロンが、「なんとなく」や「周りに合わせて」といった「曖昧な感覚」で、価格設定をされています。しかしこのような状態は、非常にキケンです。実際には、周辺サロンなどのリサーチも行った上で、「ほしい売上」もしくは、「ほしい時給」から逆算して、決めていくのが正解と言えます。

1番怖いのは、価格設定を間違うことで、「永遠に達成不可能な目標を目指している」といった事態が、現実に多くのサロンで起きているということ。

例えば、「月の売上が100万円ほしい」という場合。仮に、

・1日5人までの施術
・月20日の営業日数

であれば、1か月にこなせる最大客数は、100名です。

100万円÷100名＝1万円

となりますから、「平均1万円の支払い」となるように、価格設定をしておく必要があります。逆に、ここが5000円、7000円という状態では、「何をどんなに頑張っても」目標の月商100万円達成は、不可能となってしまうのです。

もちろん、「ただ高くすればいい」という単純な話ではありませんが、「いかに価格設定が重要か？」という点は、すでにサロンを経営されている方なら、日々痛感されているのではないでしょうか？

本章では、そんなサロンの「価格設定」について。どのように考え、実際に行動していけばいいのかについて、具体的にお伝えしていきましょう。

2　価格設定がうまくハマった成功事例「埼玉県　リンパケアサロン　Lyty」

埼玉県の「リンパケアサロン　Lyty」。

オーナーの北村さん（図表５）は、まだ彼女が現在のテナントに出店される前から、サポートさせていただいています。出会った当初、客単価は４０００円台。集客は上手くいっていて、「客数」に困ることはなかったものの、その「単価の低さ」が壁となっていました。つまり、「忙しくはあるが、望む収益には届かない」という状態だったのです。

しかし現在、こちらのサロンでは価格の見直しを行い、メニュー内容も工夫。結果、客単価は当時の数倍となっています。

もちろん、「単に価格を上げた」という話ではありません。メニュー構成などもふまえ、総合的にサービスの底上げなどに取り組まれてきたからこそ、今の結果があります。とはいえ、北村オー

〔図表５　北村オーナー〕

ナーのサロンを見ていると、「価格設定を見直したことで好転した」好例であることは、間違いありません。

3　客単価よりも「時間単価」で考える

時間単価とは、「一定時間あたりの単価」のことです。基本的には「1時問」もしくは「10分」あたりの単価で算出します。客単価の場合、

【売上】÷【客数】

という計算で算出できますが、時間単価の場合は、

【売上】÷【お客様の滞在時間】

と、なります。

ここでは話をわかりやすくするために、【時間単価】＝【1時間あたりの単価】としましょう。

例えばある美容室で、1日の客数が5人。5人の施術に、合計6時間かかったとしましょう。仮に5人分の売上合計が6万円の場合。時間単価は、

【6万円】÷【6時間】＝【1万円】

つまり、「1万円／時間」となります。平たく言ってしまえば、「時間単価」とは「あなたの時給そのもの」なのですね。

●客単価よりも「時間単価」で考える①あなたの時給はいくら？

1人サロンというのは、ハッキリ言ってしまえば、「時間の切り売り」です。またサロンに限らず、すべての仕事は「時給に換算」することができます。極端な話、「私は月収100万円です」と言っても、1日20時間、月30日働いていれば、時給は1666円しかありません。

時給とは結局、「生産性」をわかりやすく数値化したもの。ですからサロンにおいても常に、「あなたの時給」を上げる工夫や努力をしていきましょう。アルバイトと違って、勤続年数が増えても、資格やスキルを増やしても、誰もあなたの時給を上げてはくれません。あなたが、あなたのために、あなた自身の工夫で、時給アップしていくしかないのです。

こういう言い方をすると、随分シビアな話に聞こえますが、これはどこまでも続く戦いであり、他の経営者においても、もちろん私にとっても、同じことが言えるのです。

余談になりますが、ソフトバンク社長、孫正義さんの仕事を時給換算すると、約6万5000円なのだそうです。「意外と安い」と感じましたが、彼の場合は株の配当収入がありますから、「総収入」という観点で言えば、当然ながら莫大な収入を得ていると言えます。

さすがにそこまでは難しいにせよ、サロン経営は上手くやれば、その辺の医者にも引けをとらない「時給」を実現できるお仕事です。そういった意味では、常に「高み」を目指し、お互いに頑張っていきましょう！

〔図表６　松本オーナー〕

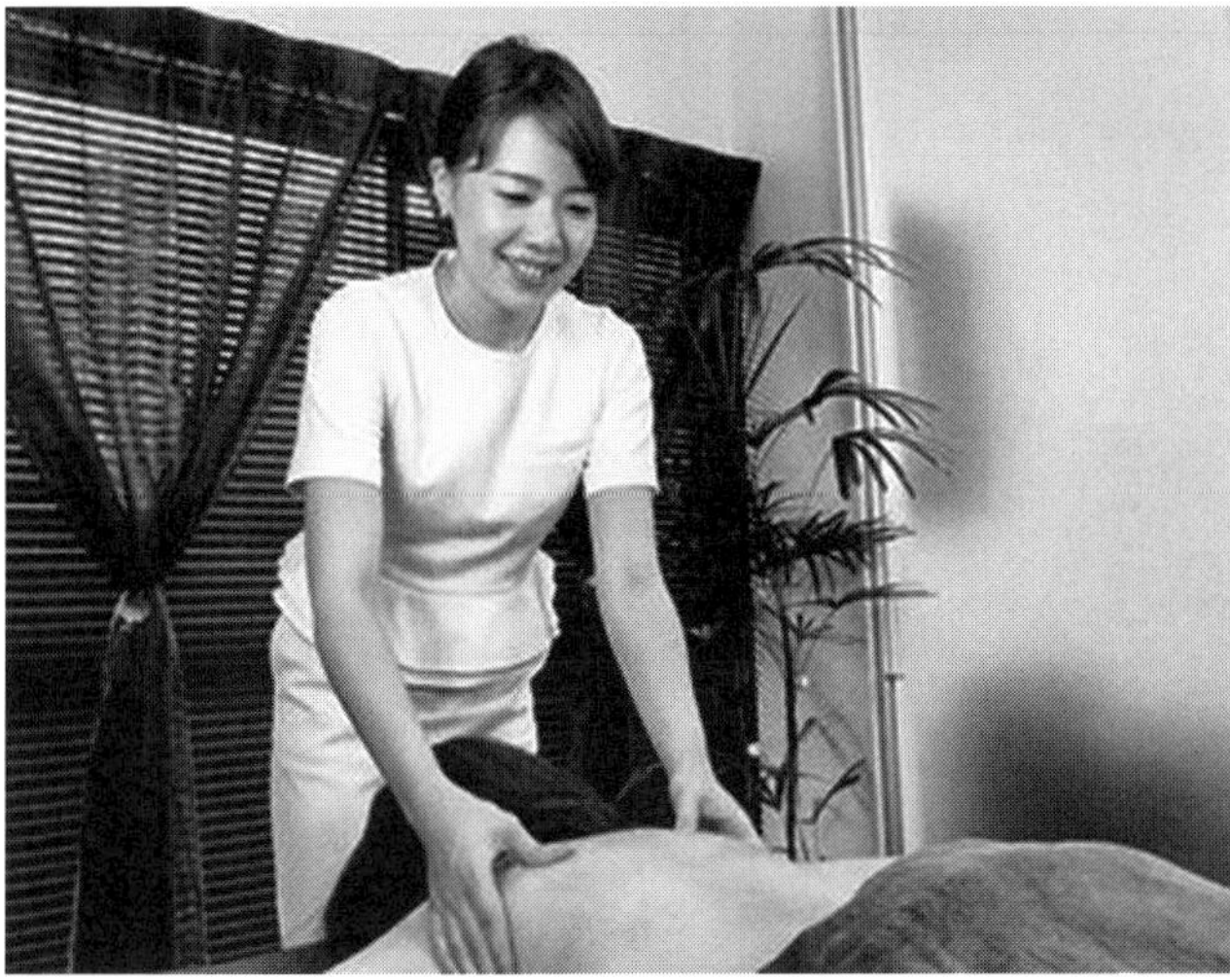

●客単価よりも「時間単価」で考える②週休２日でも年商１０００万円超

例えば、私のスクール卒業生でもある、香川県のエステサロン「Lotus」のオーナー、松本さんの場合。「完全週休２日」という状態でも、１人サロンでゆうに年商１０００万円超えを達成されてます。

実は私がサポートさせていただくサロンは、収益を育てたら「時間の余裕」を増やしていくように、経営改善を行っているのです。

松本オーナー（図表６）も、順調に売上アップしていく過程で、「月１００万は突破できたけど、時間的に余裕がなかった」と、おっしゃっていました。収益を伸ばしていく途中の段階では、必ずこういった経験をしていただく期間があります。しかしその後は、価格設定やメニュー構成を見直し続け、現在は時間のゆとりを保ちつつ、業績をさらに伸ばされているのです。

「価格設定やメニュー構成、サービス内容を見直す」と言ってしまうと、随分難しいように感じますが、そのノウハウは、すべて本書に詰め込んであります。そして平たく言ってしまえば、「時給が上がるように工夫する」ということなのです。

あなたも同じように「時給」を上げていくことで、「時間と収益」その両方を増やしていくことも、決して不可能ではありません。

【田村】「収益を上げながら、より自由な選択肢を増やすためには、この時給意識がとても大切です。極端な話、施術の時間だけを短く、価格はそのままにするということができるなら、それだけでも、時間単価の向上。つまり、あなたの時給アップに繋がりますからね」

【サロ美】「こんなの、誰でもできないでしょう?」

【田村】「確かに、時間単価を上げていくことに関しては、『誰でもカンタンに』とはいきません。しかし、少しの工夫で、今と同じ時間内の売上を10パーセント増やすくらいなら、スグにできるサロンも少なくないです。ここは、本当に意識と工夫次第ですね。そして、最もチャレンジし続ける価値のあるモノとも言えるでしょう。だって、サロ美さんの時給が、ここで決まってしまうのですから」

【サロ美】「確かにそうよね。時給、高いほうがいいわ」

【田村】「ですよね。さらに言えば、どこかに勤めている場合、自分の時給は、自分で決定できるワケではありません。一般的な会社員の昇給にしたって、時給換算してしまえば、大幅にアップするものでもないのです。そう考えると、自分の努力と工夫次第で、時給を１０００円単位で上げていくことも可能なサロン経営というのは、恵まれた環境とも言えますよね」

●客単価よりも「時間単価」で考える③単価を「下げて」、時間単価を「上げた」実例

少し逆説的に聞こえますが、「単価を下げて、時間単価を上げた」実例も、ご紹介しておきます。

現在、私はサロン経営に携わりつつも、自分自身がサロンに立つのは、月に数日。過去３か月ほどのデータを集計しますと、客単価そのものは「１０５００円」。最も単価アップに注力した時期は１６０００円ほどでしたから、５５００円も下がっています。

ここだけ見ると、単価の暴落です。しかし、当然これは、私の意図した通りの展開となっています。客単価で見ると一見、暴落していますが、時間単価で見れば、「1時間８５００円」となっており、これは過去の「単価１６０００円」の時期と同じくらい。さらに、「1日に対応できる客数」は増えています。結果的に、「今のほうが売上を最大化できている」と言えるのです。

このように、「単価そのもの」は下げて、「時間単価を上げる」という手法も、時に効果的と言え

ます。わかりやすい極端な例で言いますと、世にある「1000円カット」の店。一見格安ですが、「時間単価」という視点で見れば、決して安くありません。その分、滞在時間を短く設定しているので、スタイリスト1人が1時間あたりに担当できる人数が、一般的なサロンよりもかなり多いのです。価格の安さで訴求するので、集客にも苦労しません（この先もこの状態が続くかどうかはわかりませんが）。

結果的にその収益性は、一般的なサロンと変わりなく、むしろ多店舗展開しやすい戦略なので、さらに薄利多売が可能となり、本部はかなり潤っているはずです。何より、一般的な美容師の給与が低いという点にも着目し、少し割高な給与を出すことで、多店舗展開のサロンにとって、最も深刻な「人手不足」の問題も同時に解決してしまっているのですから、もはや、「驚異的に賢い戦略」と言わざるを得ません。

少し話は逸れてしまいましたが、世の「1000円カット」と言われる店は、「時間単価」の概念を上手く活用した、実例と言えるでしょう。私自身はこういった「格安サロン」の経営に興味はありませんが、「なぜ、あの会社は拡大しているのか？」といった視点で物事を見るのも、楽しいものです。

【サロ美】「やっぱ、ウチも時間単価上げちゃおうかなぁ。誰でも得するわけでしょ？」

【田村】「厳密には『誰でも』ではありませんし、サロンのスタンスにもよります。より少ない客数で売上を立てることを重視するなら、客単価重視のほうが向いていますね。時間単価重視・客単価重視、一概にどちらが正しいというわけでもありませんから。ただ考え方として、常に時間単価も意識したほうが、収益は伸ばしやすいです」

【サロ美】「なるほどねー。私はなるべく1日の客数は少なめで、収益を出したいから・・・」

【田村】「そう、まさにそういった個々の意向がありますよね。それに合わせて、考えればいいです。サロ美さんの場合は、客単価重視が向いていますよね」

4 「値上げ」について考える

日頃、様々なサロンのサポートをする中で、「値上げすべきかどうか？」という質問は、後を絶ちません。私が日頃から、「価格設定を間違っていると、一生、目標達成できませんよ」と、啓蒙しているものですから、ある意味、当然の結果ではありますが。

ただ、これは強調しておきたいのですが、「すべてのサロンにおいて、値上げが必要」とは、私も全く考えていません。「値上げ」とは、後に「メニューづくり」の章でお伝えするような「単価アップ」とは別モノで、享受できるメリットが大きい分、リスクを伴います。値下げに関しては、この「リスク」という視点も踏まえて、慎重に検討してください。

【サロ美】「値上げしたいけど、コワイのよー」

【田村】「正しい知識を持っていれば、リスクは最小限ですみますよ」

●値上げについて考える①値上げを検討すべきタイミングとは

値上げには、「検討すべきタイミング」が、存在します。まず1つ目は、「どうやっても、物理的に今の価格設定では、欲しい売上に届かない」という場合。もし、あなたがこのパターンに当てはまるなら、今スグに値上げを検討し始めてもいいでしょう。

最初に決めた価格設定が、根本的に低すぎる可能性があります。そのまま経営を続け、仮に頑張って客数を集めたとしても、「目標に達しない」ということが起こるので、早めに対応策を考えて実施していくことをオススメします。

ちなみに私はサロンに勤務していた時代、「どうやってこれ以上、単価を上げていけばいいのか？」と悩んでいた時期がありました。すでに様々な対策をとっているにも関わらず、店舗全体の単価が「足りない」と感じていたからです（当時の私は店長でしたので、個人の売上ではなく店舗全体の売上アップに力を入れていました）。そして、ある日、1つの結論に至るのです。「そもそも価格が低い」という事実・・・。

いわゆる「安売りサロン」とまではいかないまでも、当時そのサロンの価格帯は、やはり安かったのです。経営者ではなかったため、値上げの実行とはなりませんでしたが。私が「欲しい」と感じていた売上・単価に至らなかったのは、今考えてもやはり、価格そのものに原因がありました。

あなたには、二の舞になってほしくないと思います。

・・・・・予約が8割埋まり始めたタイミング・・・・・

次に、値上げを考えるタイミングとして、「予約が8割ほど、埋まり始めたとき」があります。

要は、あなたのサロンで受付できる人数の、8割ほどがすでに毎月、来店されている状態。このような状況にある方は、積極的に値上げを検討することをオススメします。すでに多くのお客様に支持されている状態ですから、多くの場合、「収益が増えて、時間も増える」という状態になるハズです。

予約が8割ほど埋まってきますと、基本的にはそれ以上の「伸び代」は、ないと考えてください。あるとしても、「あと少し」です。残り2割の予約枠を埋めていくには、「店の都合を主導に」予約時間を調整していく必要があります。8割すでに埋まるのですから、「いつでも予約できる」という状態からは、程遠いハズです。「予約がすでにパンパン」という方であれば、尚更でしょう。こういう時期に差し掛かったときは、明確に「値上げを考えるべきタイミング」と言えます。

●値上げについて考える②「リスク最小限」の値上げ方法

サロンで値上げを行う場合、

・既存客が離れる可能性がある。

・新規集客の難易度が上がる可能性がある。

という、2つのリスクが存在します。後者についても、後ほどお話しますが、多くの方が懸念しているのは、まず前者ではないでしょうか？　つまり、「値上げをして、既存客が来なくなったらどうしよう？」というものです。

私も何度か、「値上げ」を自分のサロンで経験しているので、そのお気持ちは痛いほどわかります。ここでは、そんな値上げのリスクを「最小限におさえる方法」について、ご紹介しておきましょう。

とはいえ、答えはカンタンです。「既存客の価格は、値上げせずにしばらく据え置き。新規のみ値上げする」というものです。既存客は値上げの影響を受けないので、失客の心配はゼロ。ただしリスクを最小限に抑える代償として、「即効性」も望めません。新規の単価は上がるので、基本的には単価アップの機会となりますが、新規比率（総客数に対する新規数の比率）が低いサロンほど、その影響は小さいものとなってしまいます。

そこでもう一歩、踏み込んだ方法としては、「一定ライン以上の常連や上顧客だけ、価格を据え置きにする」というやり方もあります。私は初めて値上げしたとき、この方法をとりました。「どこで線引きするか？」というジレンマはあるものの、「上顧客」への値上げによる影響はなく、しかも、「あなたは特別なお客様なので」という特別感を同時に与えることもできるので、一石二鳥というワケです。

どんな商売も、売上の「比率」という面で見れば、一部の上顧客が、全体の多くの売上を支えています。サロンの場合、「2割の上顧客が、全体の8割の売上を構成している」なんていう極端な話ではないにせよ、売上への影響を上顧客が大きく持っていることは、事実です。であるならば、その大切な客層に影響のない値上げをすることで、「リスクが抑えられる」というのは、間違いないでしょう。

●値上げについて考える③値上げに向いたタイミング

そもそも「値上げに向いたタイミング」というものも、存在します。これは現状の価格や客数に関係なく、「顧客への違和感を最小限に、値上げできるタイミング」と、言えるでしょう。一通り紹介しておきますと、

・移転オープン
・リニューアルオープン
・年始
・消費税の増税時
・新規オープン（独立前に勤めていたサロンの価格からの値上げ）

これらは、値上げ「しやすい」タイミングと言えますので、覚えておいてもソンはありません。

【サロ美】「他はわかる気がするけど、消費税増税にのっかるってどうなの⁉」

【田村】「鋭いツッコミですね。確かにこれはいかがなものかという声も上がると思っていました。まさに本書が出版される２０１９年は、消費税増税を控えていますからね。ただ、覚えておいて欲しいのですが、サロ美さんも年商１０００万円を超えますと、消費税納税の義務が発生するのですよ？」

【サロ美】「まぁ、確かにそうね・・・」

【田村】「もちろん、売上すべてに対してはないですが、2019年10月からは、消費税が10パーセント。これをサロ美さんは、『お客様からお預かりしている立場』になりますからね。これ、年間まとめると、なかなかの金額になります。少なくとも、数十万円にはなるかと。この点もしっかり見逃さず、考えてくださいね」

【サロ美】「わ・わかりましたー!!」

●値上げについて考える④「根拠なき値上げ」もアリ

「値上げ」は一見、単純な行為のように思われがちですが、いくつものパターンが存在します。

- 全員に対しての値上げ
- 一部の顧客は据え置きにしての値上げ
- 新規のみ値上げ
- すべてのメニューを値上げ
- 一部のメニューを値上げ
- 明確な理由づけのある値上げ
- 根拠なき値上げ

色んな選択肢の組み合わせで、「値上げ」となるワケで、どれをどのように選択して組み合わせるか？　明確な正解はありません。ただ、「最もワガママな組み合わせ」という視点で選ぶと、【全員に対しての値上げ】＋【すべてのメニューを値上げ】＋【根拠なき値上げ】

この組み合わせとなります。

「そんなの、大丈夫なの？」と言われてしまいそうですが。私は個人的に、サロン経営において「ワガママな選択をしてみる」という「実験」が好きなので、周囲の反対をよそに、断行したことがあります。結果、どうなったか？　当時１人サロンだったのですが、

・客単価は３割アップ（平均３割の値上げだったため）
・５％の失客
・新規数には変動なし

という状態になり、「23％の売上アップ」となりました。予想していたよりも失客が少なかったので、この値上げでは、「時間的余裕」はさほど増加しませんでしたが・・・。

結果的には「やってよかった」というのが、当時の率直な感想です。この経験を元に、「サロンで提供する、技術やサービス、空間」と、「顧客との関係性」に自信があれば、「根拠なき値上げ」も時にはアリという結論に至っています。

通常、値上げを行う際は、何らかの根拠（という名の言い訳）を明示することのほうが多いものです。これは、お客様の気持ちを考えれば当然のことで、「何の理由もなく値上げするのは・・・」と考えるのも、ある意味、普通の思考と言えます。

しかし私の場合、「今まで少し安く設定しすぎていたので、自分と店が成長できる、最低限の価格設定に変更させていただきます」という、ある意味「理由になっていないような理由」で（といいえ、嘘偽りはなく本心ですが）・・・。値上げを行っています。リスクは高くなってしまうので、一概にオススメはできませんが、このようなパターンも「アリ」ということは、頭の片隅に残しておいてください。

もしあなたが、「お客様との信頼関係をしっかり築けている」という自信があり、すでに受付可能数の上限に近い来店があるなら。さらに、「今の価格は価値に対して安すぎる」と感じていて、「多少のリスクはとってもいい」とお考えなら、この手法をオススメします。

【サロ美】「ハードル、高すぎない？」

【田村】「値上げ幅にもよりますが、それだけ、すべての人にオススメというワケではない、ということです。特に、根拠なく、何の付加価値を付けるワケでもなく3割以上の値上げとなりますと、失客リスクは避けられません。どれくらいの失客があるか、正確な予測をするのは不可能ですから。私がサポートしているオーナーさんの中でも、一部の方にしかオススメしない手法になりますね」

●値上げについて考える⑤いくら値上げすべき？

「値上げを検討していますが、どの程度、値上げすべきでしょうか？」これも私の元に、よく届

く質問の１つです。これに関しては、

・現在の価格設定が、どの程度、適正価格から離れているか、
・あなたが「欲しい売上」がいくらで、その達成のためにはどのような価格設定であるべきか、

といった点で個々に違いがあるので、一概には言えません。ただ、ある程度の「基準」は示すことができるので、これらを参考に、「値上げ幅」を考えてみてください。

値上げ幅の基準①

あくまで「１つの目安」となりますが、時間単価に換算して、１時間あたり３０００円を下回るような場合。１・5倍程度の値上げを考えてもいいでしょう。時間単価が「１時間あたり３０００円以下」となりますと、多くの場合、サロン経営は厳しいものになります（自宅サロンで片手間に営業する場合は別ですが）。

営業日数にも左右されますが、仮に時間単価が５０００円あれば、１日8時間。月25日営業で、月商１００万円の達成が可能なラインとなりますからね。

値上げ幅の基準②

値上げ幅の参考基準として、次のことは覚えておいて損はないハズです。「すべてのサロンに１００％当てはまる」という物ではありませんが、大きくハズレていることもないでしょう。

・1割の値上げ・・・1割なら、いっそやらないほうがいい（すでに高単価のサロンは別）。
・2割の値上げ・・・比較的、失客はしづらい値上げ幅のライン。
・3割の値上げ・・・「値上げ」のメリットを享受しやすく、リスクも少し高めになり始める。
・4割の値上げ・・・4割上げるなら、いっそ5割上げたほうがいい。リスクは5割値上げと同等。
・5割の値上げ・・・実質1・5倍の値上げ。メリットが大きくなる分、「2～3割の値上げ」と比較して、リスクも高くなる。ただし、「そもそも価格設定が安すぎる」サロンには、オススメ。
・6割以上の値上げ・・・6割以上の値上げを行うなら、いっそ2倍にしたほうがいい。リスクは2倍化と同等。一般的な価格設定のサロンなら、「その根拠」が欲しい。

値上げの「幅」については、あなたのサロンの現状に左右されますので、「あくまで目安」とお考えください。ただ、私自身がサロン経営しながら実験してきた結果や、これまで7年間、アドバイスしてきた数多くのサロンの事例から見て、さほど現実とかけ離れた基準には、なっていないはずです。

●値上げについて考える⑥2割値上げしても16％までの失客なら、売上は変化しない

多くの方は「値上げすることによる失客」を懸念されているかと思います。そこで、「値上げ・失客・売上」という面で、売上変化を明示しておきましょう。

〔図表７　2割値上げして16％失客しても売上は変化しない〕

	単価	失客	客数	売上
現状	1万円	0人	100人	100万円
2割値上げ	1万2千円	16人	84人	100,8万円

先に結論を言っておきますと、「２割値上げしても16％までの失客なら、売上は変化しない」いう点を、覚えておいてください。つまり、仮に毎月１００名が来店されるサロンで、「すべてのメニューにおいて2割値上げ」した結果、1か月の来店数が84名まで減ったとしても、売上は落ちません。

わかりやすく、「現状の客単価が1万円。月間の客数が１００名で、売上が１００万円」としましょう。図表7を、ご覧ください。

ご覧のように、16人失客がありつつ、売上はほぼ同じ。つまり、「時間だけが増えた」という状態になっているのです。仮に、少しパターンを変えて、

・２割値上げして、10パーセント失客
・３割値上げして、16パーセント失客

こうなってくれば当然、時間は増えつつ収益は「増」となります。厳密には「失客数」は事前に計算できないので、あくまで「予想」となってしまいますが。私自身の経験や、スクール受講生の事例から見ると、「２割ていどの値上げでは、大きな失客はほとんど起きていない」というのが、事実です。

とはいえ、「どれくらいの値上げをして、どの程度の失客までなら、売上がプラスなのか？」という基準は、事前にもっておくほうがいいように感じますので、参考にしてみてください。

【サロ美】「なんか、値上げして失客するのも、切ない話よね・・・」

【田村】「お気持ちはわかりますが、サロン経営もビジネスですからね。また、捉え方によっては、『値上げの影響で一部顧客を失客し、一時的に収益が下がる』というのも、一概に悪いことではありません。そこからまた、新価格でも共感くださるお客様が集まれば・・・。言葉は悪いですが、客層の入れ替えにもなります。これは中・長期的に見れば、サロンの収益増に繋がっていく過程とも言えるのです」

●値上げについて考える⑦「地域で１番高いサロン」は集客できるのか？

ここで参考のために、「地域で1番高いサロンは、集客できるのか？」というお話をしておきましょう。先に結論から言いますと、地域で1番高いサロンも、普通に集客できます。これは私自身、長年の疑問でもありましたので、自分のサロンにて、実験を行いました。私の仮説は、こうです。

> サロンの価格帯が五角形の階層構造になっているとして、その頂点である「最も高価格なサロン」にも、ニーズがあるはず。対象となる見込み客の絶対数は少ないものの、「最も高価なサロン」は紛れもなく「1店舗」しか存在しないので、その少ない（とはいえ、どう少なく見積もっても数百人はいるであろう）対象者を、一気に呼び込めるのではないか？

〔図表８　五角形階層〕

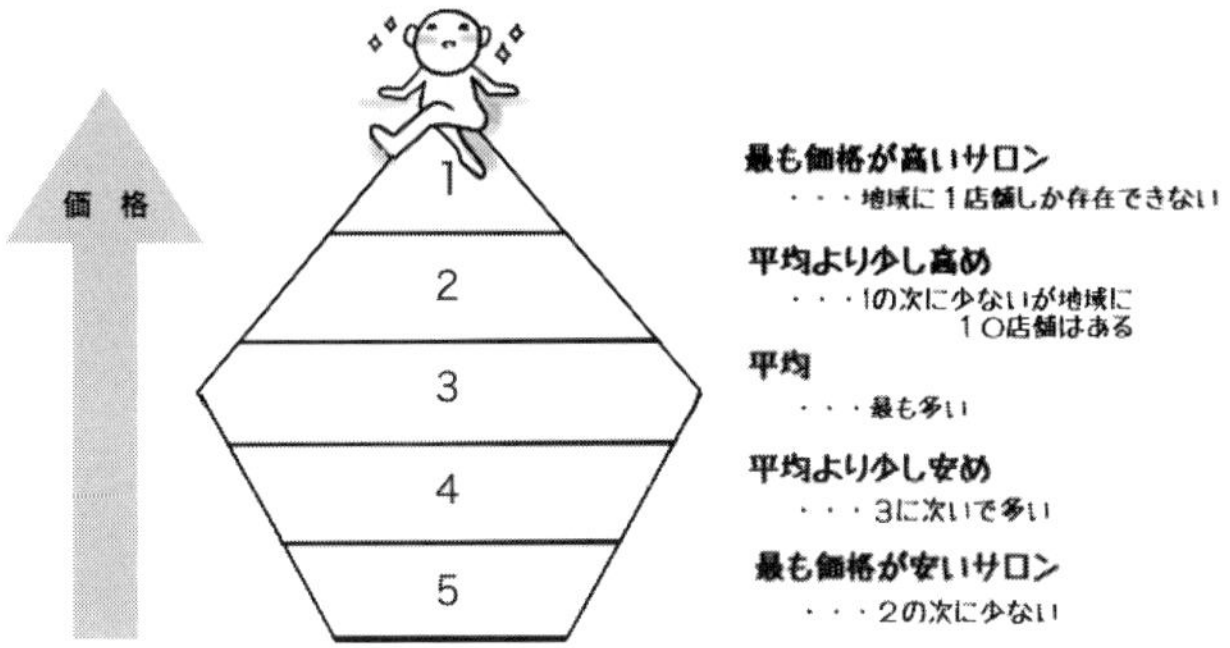

と、いうものでした。もちろん、その際は「根拠なき値上げ」ではなく、新技術の導入や空間づくりの見直し（改装）など、手をつけられるところは改良を加えての挑戦です。

正直、私も確信はなかったので内心はドキドキでしたが、「やはり、普通に集客できた」という結果に至りました。

さすがに想定した範囲内の失客はありましたが、その空きを新たな客層が埋める形で、経営としては、「忙しくない（むしろ以前と比較してヒマと感じるくらい）にも関わらず、収益としては伸びている」という結果に落ち着いたのです。

純粋な「新規数」としては、値上げ前よりは落ちたのですが、単価が高いので問題になるレベルではありません。さらに、高価格でも集まったお客様は、リピート率も高く、満足度も高い傾向にありました。

高い買い物においては、自己の判断を正当化する傾向にあり、安い買い物においては、「安いなりの理由」を探そうとする、という説がありますが、かなり真実に近いように感じます。

実際、格安サロンで働く知人などは「クレーム率の高さ」に疲弊していました。以前彼が勤めていたサロンは、比較的、地域で高価格帯のサロン。彼本人が変わったワケではないので（格安で施術しているというメンタル面の変化は多少なりともあったのかもしれませんが）、提供している施術の「品質」が変わったワケではないにも関わらず・・・。「クレーム率がハンパなく高い」と、飲み屋で愚痴をこぼしていたのを思い出します。

ちなみに現在、私はサロンにも立ちつつ「第一線」は退いていますが、「地域で最も高価格なサロン」の座は、とある友人に奪われています。彼女も1人サロンなのですが、会員制の超高単価設定。しかし、地方の美容室であるにも関わらず、全国からお客様が集まっており、「1人サロンとしては、理想的な形だな」と、感じる次第です。

彼女の場合、まださらに単価を上げていく意向を持っているようなので、それをどこまで伸ばすのか？　もしかしたら、日本一も狙えるラインではないかと、私も楽しみにしています。私がとやかく言うことではありませんが、ぜひ、日本一の座を目指してほしいものです。

【田村】　「注意点として、技術・接客・サービス・空間・あなた自身のどれをとっても、『赤点を取ってはいけない』ということを、覚えておいてください。すべてにおいて、平均

点は最低でもとっておく。その上で、何かに突出するのは悪くありません。人は、最低点のポイントが印象に残りやすく、そのポイントでジャッジする傾向がある。つまり、施術や接客、サービスが完璧でも、空間がダメダメということになれば、そのお客様がリピートされる確率は、極端に低くなってしまうのです」

5　みんな知らない「カード決済効果」

価格設定そのものに影響するワケではありませんが、あなたのサロンでは、「クレジットカード決済」を導入されているでしょうか？「ウチは現金のみです」という方は、今スグ導入されることをオススメします。なぜなら、単純に単価アップしやすいからです。

例えば、あなたが何か商品をオススメして、お客様が「欲しい」と思っても、たまたま持ち合わせがない場合、そのまま話が流れてしまいます。常連さんなら、「今日現金持ってないから、取り置きしといてくれる？」ということになるかもしれませんが、これが新規の方の場合、機会損失に繋がる可能性が高いのです。

人は、「欲しい」と思った瞬間が、基本的には最も「購買意欲が高い」と言えます。そういった意味でも、クレジットカード決済は、できるに越したことはないのです。

今、世間は「キャッシュレス化」がドンドン進んでいます。私も普段、近所を出歩く程度なら、財布さえ持ちません。スマホで決済できるからです。また、財布を持ち歩いているときも、「いくら現金が入っているか？」あまり気にとめてないので、「気づいたら、3000円しか持ってなかった」なんてことも、よくあります。

もちろん現金主義の方もいますし、私のような人間「ばかりではない」にせよ、日頃カード決済・スマホ決済中心の人ならば、似たようなところがあるはずです。特にポイントを貯めるのが好きな方は、「現金払いのみ」という場合以外は、カードやスマホ決済ですべて済ませる傾向にあります。

何にせよ、世の中の流れは「キャッシュレス」に向かっているのです。美容室でさえ、スマホ決済の導入店が増えている時代ですからね。

さらに、クレジットカード決済をサロンに導入するメリットは、「利便性の向上」や、「現金の持ち合わせがないお客様への対応」に、留まりません。根本的に、キャッシュレス決済するときは、現金払いと比較して、支払額が大きくなる傾向にあるのです。これは研究データに基づいたものなので、私の「感覚値」ではありません。

確かに言われてみれば、これは納得の話です。例えば、クレジットカードで決済するとき、その場で財布から「お札」が減っていくワケではない。つまり、支払いに対する「心理的な痛み」が、現金払いに比べて小さくなるということです。後にクレジットカード会社から請求がきて、自分の口座から引き落とされることは、誰でも理解しているにも関わらず・・・。

こんなことを言っては何ですが、この事実から「販売する側」からすると、「ぜひともキャッシュレス決済していただくべき」と言えるでしょう。「カード決済だと、手数料がかかるから嫌」なんていうのは、愚の骨頂なのです。

もしあなたのサロンが今、「現金払いのみ」なのであれば、今すぐクレジットカード決済を導入しましょう。

【サロ美】「クレジット決済は入れてるけど、スマホ決済にも対応すべき？」

【田村】「今の流れでいくと、やはり対応できるとベターですね。何より、『このサロンは新しいものを取り入れる』とか、場合によっては、『客側の利便性向上を考えてくれている』といった印象を持たれることにも、繋がっていきますから」

6　第3章のポイント

価格設定はサロン経営において「生命線」と言えます。ここがズレている場合、「永遠に目標達成できない」、「いくら働いても、利益が残らない」といった事態にも、なりかねません。

特に「1人サロンに」おいては、価格はそのまま、あなたの「生産性＝時給」に反映されるのです。にも関わらず、多くのサロンでは、価格設定そのものを間違っている。もしくは、「なんとなく」といった感覚値で、価格を決めてしまっているというのが現実です。

そのような事態を避けるためにも、まずは、あなた自身の「時間単価」を明らかにしてみましょう！　自分自身を時給換算すると、いくらで働いているのか？　客観的な「数字」に置き換えることで、見えてくるもの、感じるものがあるはずです。

その上で、「今の価格のままで、目標に届くのか？」、「価格が、目標の達成を阻害していることはないか？」シビアに、見つめ直すのです。人によっては、これらの行為が「苦痛」を伴うかもしれません。場合によっては、「こんなに生産性が低かったのか」と、驚く方もいるでしょう。

しかし、落胆することはありません。あなたは今、問題点に「気づいた」のですから、改善すればいいだけの話です。

価格設定については慎重に、そして必要性を強く感じたなら、時には大胆に行動してみるのも悪くありません。

第3章のポイント

- まずはあなたの「時間単価」を知る。
- 必要があれば「値上げ」についても検討する。
- たとえ値上げによる失客があっても、一定数までは売上アップになる。

第4章

「売れる」メニューのつくり方

1　メニューづくりの重要性

私は仕事柄、日々、現場で働くサロンオーナーさんからご相談を受けています。なかでも、「メニューづくり」に関するご相談は、非常に多い相談内容の1つです。サロンにとって「メニューづくり」とは、「商品づくりそのもの」と言えます。とても大切なポイントだけに、多くの方にとって、悩みどころでもあるでしょう。

でも、ご安心ください。メニューづくりにはいくつかのパターンやコツがあります。ココさえ押さえておけば、メニューづくりに失敗しません。

また、パターンを知っていくことで闇雲に悩むことなく、「型にあてはめて」考えることができるので、ラクになります。これらを上手く活用して、あなたのサロンメニューも、見直してみましょう！

2　メニューづくりがハマった成功事例　「滋賀県　C-Queen」

滋賀県のエステサロン「C-Queen」。

青山オーナー（図表9）とは、もう7年近いお付き合いになり、サロンの節目において、サポートさせていただいてきました。

〔図表９　青山オーナー〕

こちらのサロンでは元々、「脱毛」をメインに展開されていましたが、脱毛というジャンルはどうしても、季節に売れ行きが左右されてしまいます。そこで、「フェイシャルメニュー」を導入し、上手く組み合わせながら業績を伸ばしているのです。

スタートは１人で始めた自宅サロン。年々サロンは成長を続け、テナントに出店。１人サロンとしても、最高月商３００万円を達成し、現在はスタッフを１名雇用して、２人体制に。昨年は、「年商２０００万円以上達成」という結果になっています。

「メニューを増やせばいい」という単純な話ではありませんが、「サロンの状況によって、必要なメニュー、ニーズのあるメニューを取り入れていく」という考えはとても大切です。青山オーナーのサロンのように、「メニューの工夫」によって、急成長を成し遂げるサロンも珍しくありませんからね。

3　売れるメニューづくり

ではここから、具体的なメニューづくりについて、お伝えしていきます。メニューづくりは大きく分けて、「メニュー構成」と「メニューの見せ方」という2つの視点から考えていくと、スムーズです。

そこでまずは、「メニュー構成」から、お伝えしていきましょう。メニュー構成をつくる主なポイントは、

・松竹梅
・オプションメニュー
・コースメニュー

の、3つです。それぞれ、詳しく見ていきます。

●売れるメニューづくり①ベタだが使える！「松竹梅」

「メニューは松竹梅でつくるといい」サロンを経営されていると、一度は耳にしたことがあるセリフではないでしょうか？　かくいう私も、セミナーや講座では、よくお話する内容です。「松竹梅」

はベタな手法ながら、今も十分使える。サロンのメニューづくりにおいて、有効な手法の1つと言えます。実際、サロンに限らず、様々なサービス・製品で「松竹梅」を目にするのは、その証拠です。

例えば見た目は全く同じパソコンでも、微妙な性能差をつけて価格を3段階にしている物は多い。アップル製品などは、そのわかりやすい例ですね。自動車の購入時にも、「グレード」なるものが存在し、車種によっては、見た目はほとんど同じでも、100万円以上の差がある場合も。

サロンでの具体例を出しますと。例えば美容室において今のメニューが、

・カット　4000円
・カラー　5000円
・パーマ　6000円

の3つだったとします。シンプルでわかりやすいですが、このままだとモッタイナイ。

・ベーシックカット　4000円
・シャンプー付き　5000円
・ヘアエステ付き　6000円

という感じで、「単なるカット」で終わらせず、今のメニューよりも上位のメニューをつくる。これだけで、単価は確実に上がります。

なお、「真ん中のメニューが売れやすい」という一般論は、概ね事実です。前記した例では、真ん中の5000円のカットが、最も売れやすくなります。また、一定数の方は1番高いメニューを

選んでくださるので、このメニューもしっかりとつくっておくべきです。

また、「すでにメニューが2段階になっている」というサロンの場合は、「さらに上のメニューを1つ足して、「松竹梅」になるようにしてみてください。2段階の場合、「上か下」という2択ですが、松竹梅の3段階になることで、それまで「高いメニュー」だったものが、「真ん中のメニュー」に変わります。結果、そのメニューが1番売れやすい状態をつくることができるのです。

【サロ美】「ウチのメニューも全部、松竹梅にしようかしら」

【田村】「あ、注意点として、すべてのメニューを松竹梅化する必要はないということを覚えておいてください」

【サロ美】「え？　そうなの？」

【田村】「メニュー数が、元々ごく少ない場合はいいですが、ある程度のメニュー数があるサロンでこれをやってしまうと、あまりに複雑なメニュー展開になってしまいます。基本的に、人気メニューや定番メニューといった、ピンポイントで使うと、より効果を発揮しやすいですからね」

●売れるメニューづくり②オプションメニューの活用

オプションメニューそのものは、ご存知の方が多いですよね？　しかし、「オプションをつくって、しっかり活用できているサロン」は、意外と少ないように感じています。オプションにおいて重要なのは、「利益率が高いものを用意すること」、そして、「時間単価の高いものにすること」。しかし多くのサロンが、この点を見過ごしているのです。

よく見れば、世の中は「オプションだらけ」と言っても過言ではありません。カフェなら、ランチの「ドリンク・デザート」、牛丼チェーンの「卵・みそ汁」などは、本体よりもかなりの利益率があるハズです。また、自動車などを購入する際も、同じことが言えますね。車種によっては、「オプションだけで１００万円を超える」なんてことも、普通にあります。

とはいえ、オプションに関しては難しく考える必要はありません。

・今あるメニューの効果を、さらによくするもの。
・あまり時間はかけず、利益率の高いもの。
・オプションを付けることで「どんな違いが出るか？」説明がカンタンなもの。

という視点で、オプションメニューを導入してみましょう。

【サロ美】「なぜ、利益率と時間単価が重要なの？」

【田村】「オプションメニューの目的は、お客様によりよい仕上がりを体験していただくことの他に、経営面で言えば単価アップの狙いがあります。ここで、利益率が低かったり、時間単価の低いものを用意してしまうと、『単価は上がっているけど、時間あたりの収益は伸びていない』といった事態が起こるのですね」

【サロ美】「なるほどねー」

オプションが売れない理由

「オプションはすでにあるけど、ほとんど売れません」こんなご相談もよく届きますが、その原因は1つです。

「そのオプションを付けると、何がどうよいのか？　100％伝えていない」これに尽きます。

もう何度でも言いますが、お客様は基本的に「自分のメリット」以外、興味ありません。ですから、「そのオプションを加えるメリット」を、100％お伝えする必要があります。また、オプションを加えることで、お客様にメリットがあるのなら、あなたはプロとして、その存在をご紹介する「義務」があるのです。

しっかりお伝えした上で、「買う・買わない」はお客様が決めることなので、結果は気にしなくて構いません。「お客様全員に、メリットを100％伝える」という意識で行動していれば（あなたのオプションメニューがお客様にメリットをもたらすものであるなら）、「全然売れません。」なんて結果には、ならないはずです。

オプションはＰＯＰで売れる

オプションを口頭でお伝えするのも、もちろんいいですが、「ＰＯＰを活用する」というのも、1つの手です。

ＰＯＰを使う場合は、次の5つの点に注意してください。

〔図表10　POPのイラスト〕

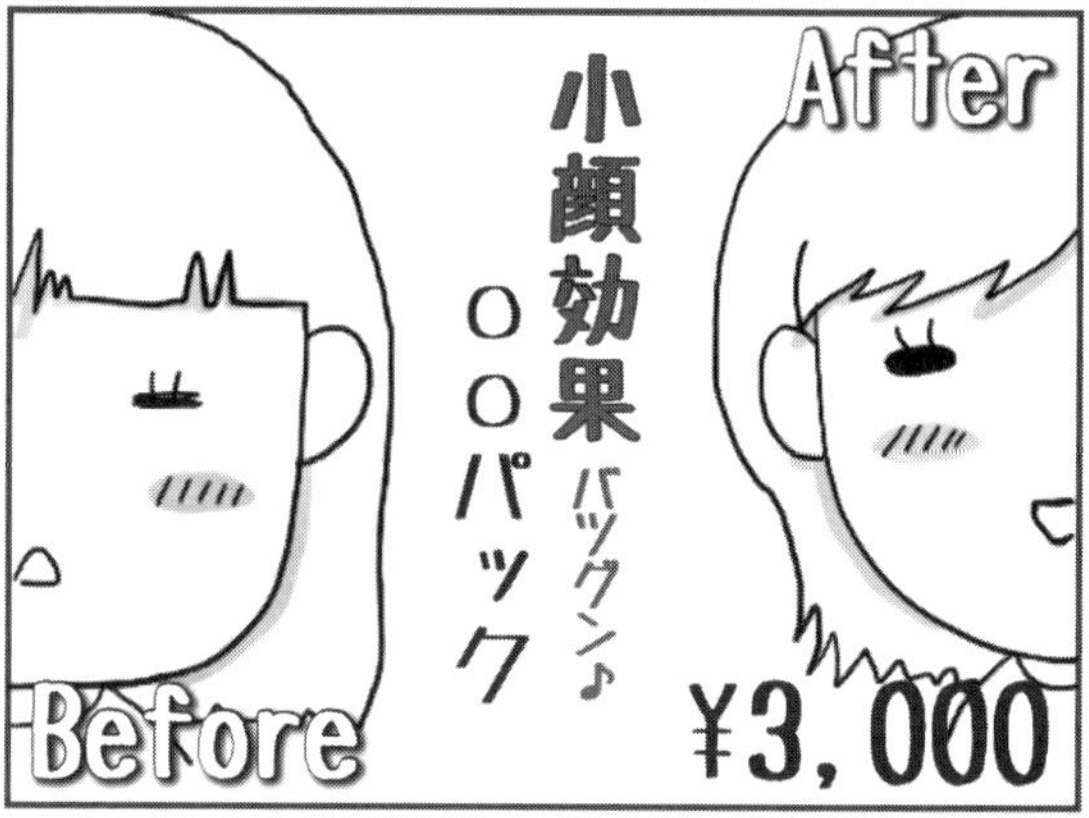

・必ずお客様が目にする場所に掲示。
・ＰＯＰにはメリット（どうなる？）を簡潔に。
・なるべく目立たせる。
・価格は明記しておく。
・所要時間を明記しておく。

これらを守ってつくれば、ＰＯＰとしての役割を果たします。注意点として、「ＰＯＰですべてを説明する必要はない」という点を、覚えておきましょう。

ＰＯＰの役割は、「コレって、どんな感じなの？」とか、「コレって、私にも効果ある？」といったお声が、コチラが言う「前に」、「お客様から発せられる」こと。つまり、「お客様に興味を持ってもらうキッカケづくり」であり、アプローチする前に興味を持って質問されたら勝ち。それが、ＰＯＰなのです。

【田村】「オプション販売は、物販商品の販売に似ているところがあります。販売方法や伝え方、見せ方にも、共通点が多いですね」

【サロ美】「商品とかオプションとか、プラスアルファの提案が苦手で・・・」

【田村】「お気持ちはわかりますが、それではプロ失格です。お客様をより良くできる提案は、１００％やるのがプロの仕事。これは、胸に刻んでおいてくださいね」

ちなみに、オプションや物販商品に関しては、あなたが「人気サロンオーナー」になっていくほど、カンタンに売れていくようになります。なぜなら、人気サロンオーナーは例外なく、「多くのお客様と良好な信頼関係を築いている」からです。信頼関係があると、極端な話、「あなたがいいって言うなら、買うわ」という状態になります。

とはいえ、「私は信頼されていないんだ・・・」と、悲観しないでください。「最初からお客様に信頼されまくっている」なんて人はいません。今となっては人気サロンオーナーの、あの人も。少しずつ、日々の積み重ねで築き上げてきたのですから。

●売れるメニューづくり③コースメニューのつくり方

コースメニューの存在も、サロンのメニューづくりには欠かせません。単純にコースメニューをつくるだけで、単価アップできる場合もよくあります。例えば美容室なら、

・カット＋カラーコース
・カット＋パーマコース

・カット＋カラー＋パーマコース

といった感じです。飲食店などにも、よくあるパターンですね。ネーミングに関しては工夫したいところですが、基本的には、「すでにあるメニューで、相性のよいメニューを組み合わせる」という形でつくれば、問題ありません。

「単品でもオーダーできるけど、コースもある。」これを準備しておくだけで、商品のバリエーションが増えます。

【サロ美】「コースの場合は、ちょっと割引したほうがいいの？」

【田村】「基本的に大幅値引きの必要はありませんか、セットで買うと少しお得になるように価格設定しておくといいですね」

4 売れるメニューの見せ方

ここまでは、「松竹梅・オプション・コースメニュー」と、メニューの「構成」部分について、お話ししてきました。続いては、メニューの「見せ方」に関して、お伝えしていきます。

いくら素晴らしいメニュー構成でも、肝心の「見せ方」がマズいと、やはり売れません。まずは興味を持っていただかないことには、話にならないのです。あなたのサロンでも常に、この部分には気をつけてください。

「見せ方」で、随分と損をしているサロンも、かなり多いですから。

メニューの「見せ方」のポイントとしては、
・メニュー名でメリットが伝わる。
・違いがわかる。
・説明文を上手く使う。
・写真を上手く使う。
・見せる「場所」ごとに「見せるメニュー」を絞る。
の５つ。それぞれ、詳しく見ていきましょう！

●売れるメニューの見せ方①メニュー名でメリットが伝わる

まず、メニュー名を見て「その施術を受けると、どうなるのか？」お客様が、未来の姿をイメージできること。ここが、スタートラインとなります。

何度も言いますが、メリットが伝わらないものには、誰も振り向きません。お客様の心理は、「自分にとって、それが良いものか？　どのように良いのか？　自分がどうなるのか？」と、超自分目線なのですから。

例えば、「フェイシャルエステ　60分　６０００円」というメニュー。フェイシャルエステであることは伝わりますが、全く特徴がありません。このままのメニュー名だけで比較されれば、「より安いサロン」に、お客様は流れてしまいます。たかがメニューのネーミングですが、これだけで、集客に苦戦することは目に見えているのです。

そこで例えば、「小鼻の毛穴エステ」なら、どうでしょう？　「毛穴フェイシャル」なんかも、よいかもしれません。シンプルにまとまりつつも、そのメニュー名を一目見れば、「施術を受けてどうなるか？」伝わる。あなたのサロンでも、そうなるようにメニュー名を見直してみましょう！

1つ注意点をお伝えしておきますと、コンセプトと同じで「長すぎるネーミング」はＮＧです。メニュー名が長いということは、文字数そのものが多くなります。文字数が多くなると、「読まないと」理解できません。しかし、こうなってしまうと、そもそも読まれずにスルーされてしまいます。「読んでわかる」ではなく、「パッと見てわかる」という形につくってください。

【田村】「現実には、表記法の問題などをクリアする必要はありますが。このように、特徴、違いがわかる。かつ、施術を受けると、どうなるか？　イメージできる。これらが、メニュー名だけでお客様に伝わると、理想的です」

【サロ美】「でもウチはリラクゼーションだし、そういう目に見える変化があるメニューって、ないんだけど・・・」

【田村】「そういった場合は、メニューの特徴や違いを伝えるだけでも構いません。例えばヘッドスパといったメニューなら、『眼精疲労に』とか、『デスクワークの疲れに』といった、悩みの対象を盛り込むのもいいですし。『アロマオイルで癒やされる』や、『ホットストーンで温浴』といった、気持ちよさそうなイメージを伝えるのも、いいですね」

【サロ美】「なるほどねー。その方向で考えるわ」

●売れるメニューの見せ方②違いがわかる

メニュー名を見て、「サロン内にある各メニューの違いがわかる」これも、大切なポイントです。他店との違いも大切ですが、ご自身のサロンの中で「メニューの違いがよくわからない」となると、お客様を混乱させてしまいます。特に新規のお客様は、せっかくあなたのサロンに興味を持っていただいたにも関わらず、ここで足を止めてしまう可能性も高いのです。

例えば、エステサロンでよくある具体例を出しますと、

・痩身トータルコース　21000円
・スペシャル痩身コース　18000円
・ベーシック痩身コース　12000円

といったメニュー展開。松竹梅の基本的な形にはなっているものの、「類似したメニュー同士の違い」が、全く伝わりません。

似たメニューがある場合は、その「違い」がメニュー名でしっかり伝わるように、工夫しましょう！　例えば、先ほどの例なら、

・全身スリムコース（手技＋痩身マシン）

・痩身コース（上半身）
・二の腕痩せコース
とするだけでも、「何が違うのか？」は明確になりますね。

　この、「違い」を誰にでもわかりやすく明記しておくことが、サロン内での類似メニューにとっては大切なのです。仮にあなたのサロンに予約することを決めていたとして、この時点で事前に違いを伝えることができなければ、「安いもの」を選ばれる可能性が高くなってしまいますからね。

【サロ美】「なんか難しいわね・・・」

【田村】「コツとしては、施術範囲で区別を付けたり、わかりやすい効果の違いや、お悩み別といった具合に表現を変えるといいですね」

【サロ美】「施術の時間だけ違うって場合は??」

【田村】「そもそも時間だけ違うラインナップを避けるほうが好ましいですが、リラクゼーション系だと、そういう訳にもいきませんよね？　そういった仕方ない場合は、時間の違いも明記しつつ、できればお悩み別などで、なるべく違いをつくるといいです」

●売れるメニューの見せ方③説明文を上手く使う

　これは「掲載する媒体」によっても違いがありますが、「メニュー名を補足する、説明文を添える」というのも、効果的です。例えばチラシの場合。

「まずはパッと見て、写真やキャッチコピーに興味を持つ」→「メニュー名を見て、さらに興味を持つ」→「興味を持ったメニューについて、詳しく知りたい」という流れになります。

このとき、施術の内容であったり、詳しいメリットという部分を補足できるものがあれば、よりベターというわけです。

ただしこの説明文も、あまり長いものは読まれません。「最小限の文字数で、最大限、魅力が伝わるように」心がけましょう!!

【サロ美】「どういうときに、特に説明文が必要??」

【田村】「いい質問です。特に、『あまり一般人に認知されていないようなメニュー』には、説明文が必須と言えます。あなたはその道のプロなので、扱うメニューや機器の『一般人への認知度』を錯覚しやすい立場にあるのです。コンセプトと同じく、業界とは関係ない友人や家族に伝えてみて、反応を見てみるといいでしょう。モチロン、『そもそも分かりやすいメニュー名』であることも大切です」

●売れるメニューの見せ方④写真を上手く使う

文字や言葉は、その使い方によって、とても便利なものです。しかし、他人に何らかのイメージを伝えるとき、最も効果を発揮するのは、「写真」であると言えます。これは、あらゆることに共通して言えますが、サロンのメニューに関しても例外ではありません。あなたのサロンメニューに

〔図11 施術イメージ〕

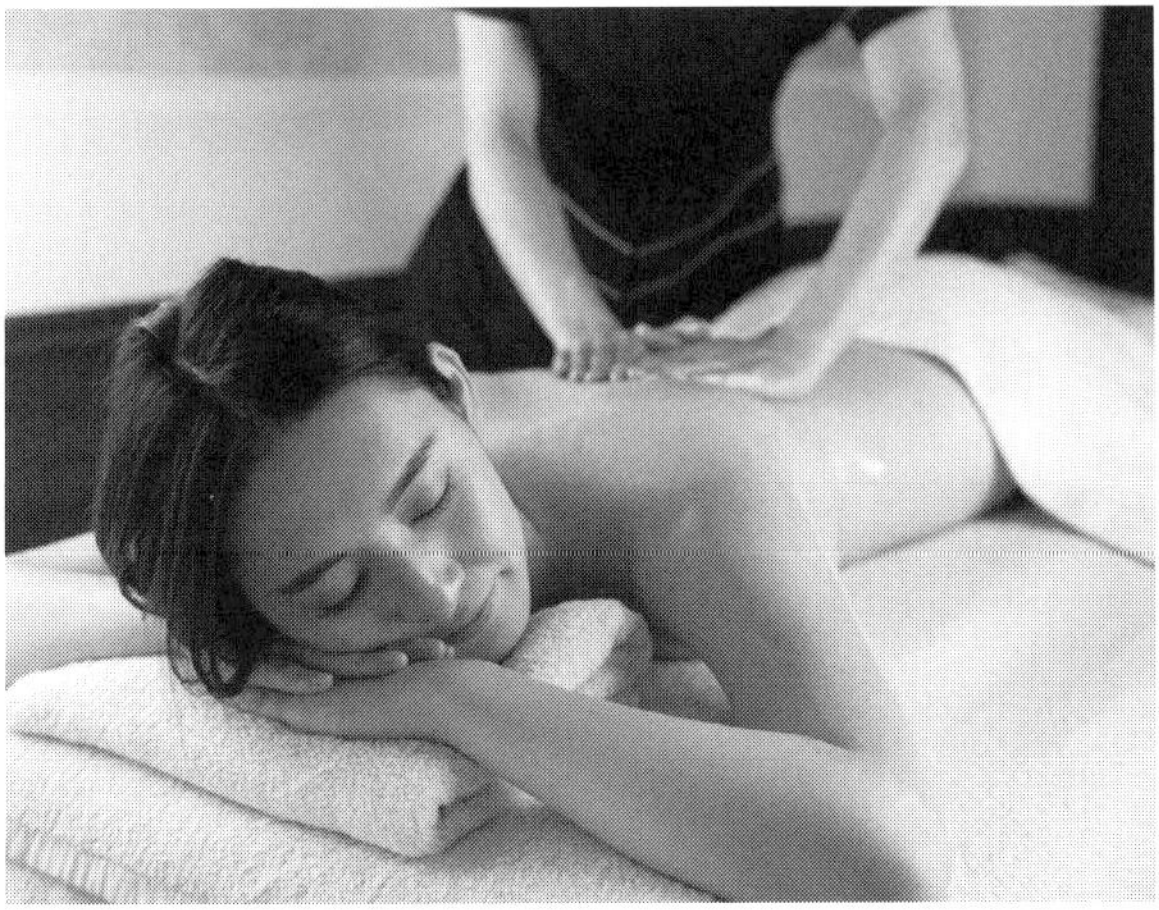

も、「施術のイメージ写真」(図表11)を添えることで、メニューの良さや雰囲気を伝える効果が期待できます。

メニュー掲載の基本的なオススメの形としては、(施術のイメージ写真)+(メニュー名)+(説明文)+(価格)

というセット表記。こういう写真1枚が「ある・ない」で、随分とイメージが違ってくるものです。特に女性は、「視覚的イメージ」の影響を受けやすい傾向にあります。写真を上手く活用すれば、一瞬でメニューのイメージを伝える事が可能になりますからね。

【サロ美】「こういうのってさ、無料の画像素とか使ってもいいの?」

【田村】「これもいい質問ですね。確かに今は、商用利用可能なよい無料素材がたくさんありますし、実際、私もよく使います。ここに掲載した写真、非常によく見かけるモノなので、実はあえて、商用利用可能な無料素材を使いました（笑）。しかし基本的にサロンにおいては、無料の画像は商用利用可能なものであっても、避けたほうが無難です」

【サロ美】「それはなぜ??」

【田村】「無料素材はよく見かけるので、他のサロンと写真が被る可能性があります。広告等であればそれも一時的ですが、ホームページの画像が被っているという事態になると、微妙です。さらに言えば、やはりサロ美さんのサロンで、サロ美さんが施術している写真を使うことで、より『サロ美さん自身の雰囲気・サロン自体の雰囲気』を伝えることができます」

【サロ美】「やっぱ、プロに頼んだほうがいいの？」

【田村】「可能な限り、そのほうが好ましいですね」

【サロ美】「とりあえず、今つくってるチラシには撮影が間に合わないんだけど・・・」

【田村】「そういった場合は、ひとまずないよりもあるほうがベターなので。ネットで有料画像を探してもいいですね」

●売れるメニューの見せ方⑤見せる「場所」ごとに「見せるメニュー」を絞る

メニューを見せる場所ごとに、見せるメニューを絞る。これもメニューの見せ方として、大切なポイントです。ここで言う「場所」とは、あなたが持つ、あらゆる媒体のこと。ホームページやチラシ、クーポンサイトなどですね。これら「すべての場所」で「すべてのメニュー」を見せてしまうと、時にその効果を半減させてしまう場合があります。

わかりやすい例を挙げると、例えばチラシ。チラシは「紙面」であるため、どうしても「情報量」が限られてしまうものです。こういった場合は、「見せるメニュー」そのものを減らして掲載することで、より売れやすくなります。アレもコレもと「幕の内弁当」状態になってしまうと、「結局、何がオススメなのか？　何を伝えたいのか？」が、曖昧になってしまうのです。

「色々あって、どれもいいですよ」ではなく、「このメニューがイチオシです‼」くらいの勢いで、丁度いいと言えます。実際、私がサポートしているサロンの中で、チラシを使って好反応を得ているサロンというのは、

・「メインの1メニュー」を松竹梅にした3メニュー
・「メインの1メニュー」と、メリットをズラした3メニュー
・「メイン1メニュー」のみ

この3パターンが、多いですね。やり方としては、まず、いずれのパターンにおいても、「メインの1メニュー」を決定してください。これは、あなたのサロンの「イチオシメニュー」であったり、売り出したいメニュー、季節柄売れやすいメニューなど。状況に合わせて選択していただけば問題ありません。

具体例を出しますと、リラクゼーションサロンなら「新たに導入したヘッドスパをメインに」、「寒くなってきたから、ホットストーン」。美容室であれば、「梅雨前だから縮毛矯正」、「ウチはダブルカラーに定評があるから、ダブルカラー推し」。エステなら、「夏前だから脱毛」、「機材を導入したから、フェイシャルのキャンペーン」。ネイルサロンであれば、「サンダルの季節だからペディキュアをメインに」、「定評のあるパラジェルで」といった感じになるでしょう。

メインとするメニューを決定したら、それぞれのパターンに当てはめて、考えていきます。ここから、3つのパターンについても、詳しくお伝えしておきますね。いずれもシンプルな方法なので、覚えておくとよいでしょう。

「メインの1メニュー」から松竹梅に展開した3メニュー勝負

まずは、松竹梅に展開するパターン。この場合、例えば「ヘッドスパをメインに」と決めたのであれば、そのメニューを松竹梅にすればいいだけとなります。既にお伝えしましたが、松竹梅にすることで、「真ん中」のメニューが売れやすくなり、1番高いメニューも一定数は売れる傾向です。

「メインの1メニュー」とメリットをズラした3メニュー

この場合は、先ほどの松竹梅とは違い、メインのメニューとは違うメニューを掲載します。例えばエステサロンで、メインメニューが「フェイシャル」なら、他の2つは「痩身メニューと脱毛メニュー」といった具合ですね。これは、「メインのメニューが絞り込みしづらい」という時のパターンになります。

「メイン1メニュー」のみ

このパターンは最もシンプルです。1メニュー勝負ですね。「このメニューのリピート率が非常に高い」といった場合や、「このメニューが時期的に、間違いなく売れやすい」というとき。総じて言えば、そのメニューに自信がある場合は、この1メニュー勝負が有効な場面もあります。

【サロ美】「来月、タウン誌の広告が決まってるんだけど、掲載枠が小さいのよね・・・」

【田村】「掲載枠が決まっている、クーポン誌や雑誌広告などは、より掲載できる情報が少なくなりますよね。そういった場合、とにかく目に留まる、気を引くということが大切になってくるので、1メニュー勝負がいい場合が多いですね。ただ、契約済の場合は仕方ないですが、基本的にあまり狭い広告枠は、使わないようにしましょう。情報量が少ないと、お客様も判断できませんし、そもそも興味を持たれない場合も多々ありますからね」

【サロ美】「メニュー一覧、みたいな感じで、他のメニューも小さく載せていい？」

【田村】「掲載する媒体のスペースにもよりますね。スペースに余裕があるなら、ある程度は掲載しても構いません。ただし、あくまでメインのメニューが主役になるよう、気を配る必要はあります」

5　「わかりやすさ」がないと集客には苦戦する

ここまで、「売れるメニューのつくり方」についてお伝えしてきましたが、メニューの「わかりやすさ」は超重要！　という点は、覚えておいてください。つまり、「わかりにくい」だけで、「売れなく」なってしまうのです。

特に「差別化」を考えるあまり、複雑なメニュー、わかりにくいメニュー展開になってしまうパターンを、私はこれまで沢山見てきました。そして、そういった状態のまま、売れているサロンというのは、ほとんど存在しません。「小学3年生に見せて、伝わるか？」、「あなたのお母様に見せて、伝わるか？」最終的に、これくらいの視点で「わかりやすさ」をチェックすると、丁度いいでしょう。

【田村】「これは決して、お客様を馬鹿にしているわけではありません。行ったことのないサロンのメニューを、隅々までしっかりチェックしながら・・・。まして、知らないものを調べながら見てくれる人なんて、存在しない。

極端な話、パッと見勝負なところがあるのです。その一瞬で、わかりやすく簡潔になっているという点が、とても大切なのですね。なぜなら、よくわからないものは、どんどんスルーされるだけですから・・・」

6 「新鮮なネタ」がないと、飽きられる

ユニバーサル・スタジオジャパンは今や来場者数、日本1位。なんと2013年から毎年、その数を伸ばしているそうですが、「新しいコンテンツの大量投入」は、間違いなくその後押しとなっているでしょう。意外と多くの人が見落としがちですが、私達「サロン」という場所も、「新鮮さ」をなくせば飽きられてしまいます。

さすがに私達のような1人サロンで、ユニバーサルスタジオのようなことはできませんが、「新メニューの導入」を定期的に行うことで、1つの「新鮮さ」を演出することはできます。理想とするのは寿司屋のイメージです。

「今日もいいネタ入ってますよ‼」、「○○さんが好きな○○、今朝入りましたよ‼」といった具合ですね。まさに、寿司屋の大将です。

良い寿司屋は、ネタの仕入にも力を入れています。常連の好みも覚えているので、「○○さんには、コレでしょ！」という感じで、しっかり自信を持ってオススメしますよね。そして、昔ながらの味も大切にしながら、革新も行う。そういうことができるサロンは、お客様にも、「あそこの人は、いつも研究熱心ね」、「ホントにサロンのお仕事が好きなのね」という印象を持たれやすくなります。

例えば、美容師なんかはわかりやすい例で、勉強熱心な人や研究熱心なオーナーを、よく見かけ

ます。美容師に限らず、本当に美容が好きで学び続ける人というのは、やはり「滲み出るもの」があるのです。

「新メニューの導入」。あなたのサロンでも、できれば「年間スケジュール」を決めて、定期的に行ってください。

【サロ美】「そんな頻繁に、新メニューなんてないわよ！」

【田村】「これまでと全く違ったモノである必要はありません。季節に応じて少しアレンジしたり、組み合わせを変えてメニュー化してもいいですし。メニューで難しい場合は、新商品などを織り交ぜてもいいですね」

7　売れる時期に「売れるもの」を用意して、売る

売れる時期に、売れるものを売る。これは、あらゆる商売の基本です。例えば、一昔前に話題になった、「冷やしシャンプー、あります。」斬新ながら、真夏に目にすると、かなり気になりますよね。日頃、そこに通っている顧客なら、まず間違いなく、一度は買ってみたくなるでしょう。仮にそれが、「オプションメニュー」で、追加料金が発生しても、です。

では逆に、この「冷やしシャンプー」を冬に頑張って売るとしたら、どうでしょう？　あなたなら、どんな販促を行いますか？　ちょっとイジワルな質問ですが…。答えを言ってしまうと、「何

〔図表12　冷やしシャンプー〕

をどう対策しようと、売れにくい」という結果に終わります。

こういった例を見ると、「そりゃそうだよね」と思いますが。意外と、「売れない時期に、頑張って売ろうとしているサロン」は、多いものです。

例えば、「脱毛」や「痩身」「ペディキュア」といったジャンルのメニューは、服装の露出が増えてくる時期に売れやすい。でも、冬には一気に売れなくなります。

ここで、「冬の売上が落ちるから、この時期、どうやって集客しよう？」

と考えるのは、実は少しズレています。そうではなく、「冬に売れやすいメニューを用意できないか？」とか、「通年、安定して売れるメニューは何か？」と考えて、行動するのです。

私がサポートさせていただいているサロンの中でも、そうやって、「過去にはなかったメニュー」

を上手く取り入れて活用し、収益を伸ばしているサロンが目立ちますね。本章でご紹介した滋賀県の「C-Queen」さんなどは、良いお手本といえるでしょう。冬季に売れにくい「脱毛」を頑張って売るのではなく、通年安定して売れる「フェイシャル」を導入して、ドンドン収益を伸ばしているのですから。

8　第4章のポイント

ここまでお伝えしてきた通り、「売れるメニューづくり」には、決まったパターンとポイントがあります。「メニューづくりはサロンづくり」と捉えて、工夫を凝らし、お客様に喜ばれるメニュー展開をつくっていきましょう！

第4章のポイント

- ●基本型は「松竹梅」。
- ●オプション、コースメニューを活用する。
- ●メニュー名、見せ方を工夫する。

第5章

集客の悩みは「場所と手段」の決定で解決できる

1　集客の本質を知れば、集客はカンタンになる

「集客とは何なのか?」まずは、その本質を知っておくことで、集客に失敗しづらくなります。

結論から言いますと、集客の本質とは、「コレを見せれば一定数の人が来店される」というものをつくり、それを1人でも多くの人に見てもらう活動と、私は定義しています。

例えば、あなたがチラシをつくったとしますね。「100人に見せれば1人が来店する」というチラシが仮に完成したなら、1000人に配れば10人。1万人に配れば100人の来店となります。

ここで、あなたが考えるべき重要な点は、2つです。

・100人に見せて、「2人」来店されるチラシに改善できないか?(成約率の改善)
・チラシそのものを、より多くの人に見てもらうには、どうすればいいか?(閲覧者数の改善)

それぞれ、詳しく見ていきましょう。

成約率の改善

成約率はネット用語で「コンバージョン」と呼ばれたりするものです。先ほどのように「チラシ」をイメージしていただくのが、最もわかりやすいかと思います。「100人に配って、1人が来店される」というチラシを、「100人に配って、2人が来店される」という内容にもし改善できれば、

その反応率は単純に2倍です。

もちろん、どこまで改善しても「百発百中」などというのは物理的に不可能ですが。この視点であなたが集客に使おうとする「媒体」の改善を続けていくことは、本当に重要なのです。

イメージしやすいようにチラシを例に出しましたが、これは例えば、ホットペッパービューティーなどのネット上にあるクーポンサイトや、あなたのホームページ等でも、全く同じことが言えます。

クーポンサイトであれば、「サロンのページに来訪したうち、何人がクーポンページに入り、予約するというアクションに至るか？」まずはココを改善するほうが、次に紹介する「閲覧者数の改善」よりも先決です。なぜなら、いくら「閲覧者数」を伸ばしたところで、「成約率」が悪ければ、その活動は無駄に等しくなってしまいます。言い換えれば、「配っても配っても、集客できないチラシ」を頑張って配布したところで、時間と労力の無駄になってしまうのです。

閲覧者数の改善

「成約率の改善」に対して、「閲覧者数の改善」は、単純に「見てもらえる人を増やす工夫をする」ということです。チラシに例えるなら、「配布数そのものを増やす」ということですね。クーポンサイトやホームページで言うなら、いわゆる「ＰＶの増加策」ということになります。

この点は多くの方が「頭では」理解していますが、行動量が伴っていない場合が多いものです。「行動量が、そもそも不足している」という点が原因であるのに、「なぜ、これで集客できないんだろう？」

と悩んでも、意味がありません。

ここでもわかりやすく「チラシ」を例に挙げますと、そもそも「チラシの反応率」というのは、「0・1パーセントで、かなり上出来」と言われています。（私の実感値としては、この数字はできが悪いですが、一般論です）つまり、「1000枚配布して、1人来店する」という計算になります。それにも関わらず、「チラシを500枚配りましたが、集客できません」というのは、「そもそも配布量が少なすぎる」としか、言いようがありません。

クーポンサイト等においても同じことが言えます。「いくら改善しても、集客できない」という場合。「そもそも、そのクーポンサイトに見込客からのアクセスはあるのか？　あるなら、どれくらいか？」という点を、疑うべきなのです。

さらに言えば、ホームページ等においても、全く同じと言えます。どんなに魅力的でわかりやすいホームページを作成したところで、「見込客のアクセスを集める活動」がなければ、全く集客には繋がらないのですから。

「成約率」「閲覧者数」という視点

このように、集客においては「成約率・閲覧者数」という、2つの視点をもって改善を続けていけば、おのずと成果は上がっていきます。どちらか一方でも改善できれば、集客が伸びるのは目に見えているのです。チラシに限らず、ネット上にあるモノでも、他の広告媒体でも同じ。これこそが、「集客の本質」と言えるでしょう。考えてみれば当たり前の話なのですが、意外とここを本当の意味で理解している人は少ないと感じています。

集客数を伸ばしたいときは、どんな手段を使うにせよ、常にこの2点を意識しておいてください。また、集客の「伸び悩み」を感じたときも、この視点を覚えておけば、打開策は見えてくるはずです。

2 「集客の場所」あなたのお客様は、どこにいるのか

集客を行う前にまず、「あなたのお客様はどこにいるのか？」この見極めが、集客の成否を大きく左右します。

例えば、あなたのターゲットが50代の女性だとした場合、ターゲットにリーチする（あなたのサロンを知ってもらう）には、どこで、集客活動を行うのが効果的でしょうか？

例えば、ホットペッパービューティーは、向いているでしょうか？　あながち間違いとは言い切れませんが、「ベストな選択」とは言いづらいでしょう。理由はカンタンで、ホットペッパービューティーという「場所」に、あなたのターゲットが大勢集まっているわけではないからです。

同じコストをかけるなら、チラシのほうがいいかもしれないし、ターゲットの層によっては、地域のタウン誌に広告を出す方が有効かもしれません。

今、世の中には、「〇〇集客！」といったものが、乱立しているような状態です。それぞれを謳

う本人達がポジショントークを行うため、聞いているほうは、混乱してしまいます。特に、毎日大量に流れてくる、ＳＮＳ広告を目にして、ウンザリしているのは、私だけではないはずです。

しかし、こういったものも、「そこに、自分が求めるお客様が沢山集まっているか？」という視点で考えれば、おのずと整理されてきます。また、そこに見込客が明らかにいるとして、その手法で効果的に、あなたのサロンの魅力を知っていただくことができるかどうか？　という観点からも、見つめてみるとよいでしょう。

このように、「求めるターゲットは、どこにいるのか？」という視点で集客を考えることは、とても大切です。そもそも、見込客がいない場所では、あなたがどんな活動をしても、上手くいく要素がありません。言葉は悪いですが、「魚のいない場所で、漁を行う」ようなものです。

もちろん、「見込客が集まっているだろう」という予想が、すべて的中するわけではありませんし、仮説がハマるとも限りません。しかし、「なんとなくで、やっている」という選択と比べれば明らかに成果は出やすいはず。少なくとも、大きく失敗する機会は、最小限におさえることができるでしょう。

あなたのお客様は、どこに沢山いそうですか？

【サロ美】「そんなの、どうやって知ればいいの？」

【田村】「まずは仮説になってしまいますが、イメージしてみましょう。ここでも、ターゲットの明確化が重要になってきますね」

3　集客がハマったサロンの成功事例　「京都府　かおり美容室」

京都府にある「かおり美容室」。

オーナーの山田さん（図表13）と初めてお会いしたのは、半年ほど前に私が主催した、ランチ会でした。当時、まだ「月１００万円」は遠い目標に感じていたそうですが、同席していた私のスクールメンバーと話して、感化されたそうです。

その後すぐに私のサポートに入会され、結果的に彼女は数か月の間に、「月額１００万円を稼ぐサロン」へと成長されています。

彼女がメインで取り組んだ集客手段は「チラシ」。詳細はここではご紹介できませんが、ある「１メニュー」に絞って集客。そこを入り口に、理想通りの展開をつくり上げています。直近で配布したチラシの反応は、なんと「２００枚配布で、20名の新規」。実に10％という、かなり突出した成果を残しているのです。

ちなみに、こちらのサロンの「来て欲しいお客様」は、大人の女性層です。若年層は狙っていないため、美容室の集客にはよく使用されるホットペッパービューティーではなく、チラシを使った結果、好反応を得ているのですね。前回の反応率を維持できるかどうかは、また別の話ですが、この状況から見ると、「集客に関してはチラシ一択でいいのではないか？」という流れになっています。

〔図表13　山田オーナー〕

これは結果論になってしまいますが、チラシでこれだけ集客できている状態なら、高い広告費のかかるクーポンサイトは不要と言えますね。

【田村】「ちなみに彼女のサロンは、客単価も1万円を超えています。全国の美容室平均単価はその半分以下ですので、高単価サロンでもありますね」

【サロ美】「私も、チラシにしようかなぁ」

【田村】「チラシが最も効果的、という話ではなく、あくまで『ターゲットはどこにいるか』を考えた上で行動された結果なので。みんな、チラシでいいよということでは、ありませんからね」

【サロ美】「なるほど・・・」

4　1人サロンにオススメ！　5つの集客手段と、それぞれのメリット・デメリット

「サロン集客」と一口にいっても、その「手段」は本当に沢山あります。この章では、「1人サロンでも取り組みやすい集客手段」に絞って、いくつかの手段をご紹介しますね。それぞれの「メリット・デメリット」も添えておきますので、集客の「手段選び」に悩まれている方は、参考にしてください。

●集客手段①チラシ

「チラシなんて今時、効果あるんですか？」なんて言われることもありますが、これは見当違いな質問です。実際、私がサポートしているサロンでは、「チラシだけで」集客をまかなっているサロンも沢山あります。先ほどご紹介した「かおり美容室」も、その1つですね。

中には、「折込みチラシを入れると、一気に新規が来すぎるので、しばらくやっていません」といったオーナーさんもいるほどです。いくら「ネットの時代」と言われても、やはり「紙媒体」には、それにしかない力も、ありますからね。

チラシというのは、「あなたのサロンの存在を知ってもらう、キッカケづくり」として、まだま

だ有効な媒体です。「そもそもネットにいない客層」だって常に存在しますし、そこにリーチできるのは、やはり紙媒体なのです。

チラシに関しては、作成方法や配布方法によってコストが大きく変わるため、予算に合わせたやり方を選ぶとよいでしょう。ネットプリントサービスを使えば、コピー費も低くおさえられます(コピー費用に関しては、自宅でやるよりも外注したほうが安くすみますので、覚えておきましょう)。

配布方法に関しては、

・自分でポスティング
・自分で手配り
・新聞折込
・他の配布媒体に折込
・ポスティング業者に委託

など。環境や予算、目的に合わせて使い分けるのがオススメです。

例えば、人通りの多い場所にサロンがあるなら、手配りのほうが低コストかつ効率もよい。逆に人通りが少ない住宅街なら、自分でポスティングするのもよいでしょう。予算があるのであれば、配布は外注のポスティング業者を使えばいいですし、新聞折込という手もあります。

逆に、予算がないのであれば、チラシそのものを自作し、配布もすべて自主配布することで、最低限の費用で集客活動を行うことができます。

〔図表14　チラシのメリット・デメリット〕

●チラシのメリット
・方法によっては低コストで実行できる。
・ネットにいない客層にもリーチできる。
・自社媒体のため、自由に編集できる。

●チラシのデメリット
・コストをおさえる場合は手間や時間がかかる。
・情報量が限定されるため、自社サイトへの誘導など工夫が必要。

【田村】「チラシをつくる場合は必ず自社サイトへの誘導を仕掛けておきましょう」

【サロ美】「なぜ、誘導が必要なの？」

【田村】「チラシは紙媒体である特性上、どうしても情報量が限られてしまいます。チラシを手にとって興味を持たれた方は、検索する時代ですからね。」

【サロ美】「なるほどね。ＵＲＬを書いておくわ」

【田村】「あ、http://salonsblog.com/ みたいに、ＵＲＬのみの記載はダメです。そんなのスマホで打ち込むのは面倒ですからね。「○○で検索」といったものや、「さらにビフォーアフターを掲載中！」↓ＱＲコードといった形で、お客様を誘導する流れをつくっておくべきです。それだけで、反応率はあがります」

【サロ美】「なるほどね」

〔図表15　クーポンサイトのメリット・デメリット〕

●クーポンサイトのメリット
・すでに見込客が集まっている媒体を選べば、費用対効果が高い。
・他の手段に比べて少ない手間・短い期間で集客できる可能性がある。
・ネット上の媒体なので、データを数字ベースで検証できる。

●クーポンサイトのデメリット
・掲載費用が発生する。
・掲載するだけでは不十分な場合も多く、「運用」が重要になる。

●集客手段②クーポンサイト

クーポンサイトは多様化してきましたが、最も利用者が多いのは、本書を執筆中の2019年現在も「ホットペッパービューティー」ですね。ただし、地域限定のクーポンサイトなども存在し、「この地域では、これが強い」というものもありますので、リサーチはしておきましょう。

選択肢が多いクーポンサイトですが、集客できるかどうか？　見極めのポイントは意外とシンプルです。「そのサイト自体に、地域の見込客が集まっているかどうか？」そして、その最もカンタンな見極め方法は、「地域の掲載店の集客状況を、クーポンサイト運営会社の営業に聞く」これが最もカンタンかつ確実な方法と言えます。

また、「あなたのサロンがある地名（もしくは駅名）＋あなたの業種名」で、検索上位にヒットするようなサイトは、有望な可能性がありますので、一度検索して、調べておきましょう。

【サロ美】「そんなの、相手は営業なんだから、いいように言われるんじゃないの？」

【田村】「ウソを言ったところで、その後のクレームに繋がってしまうので、数字に関してこういった運営会社がウソを言うことはありません。（絶対とは言い切れませんが）」

●集客手段③地域のタウン誌、情報誌、クーポン誌

美容室・エステ・ネイル・リラク・まつエク・整体。あなたの業種が何であれ、忘れてはいけないのは、「基本的に地域の方が見込客」という事実です。つまり、地域に根ざした「タウン誌やクーポン誌、情報誌」というのは有力な広告メディアの1つとなります。ここで注意したいのは、クーポンサイトと同じく、「あなたのターゲット層が見ている媒体かどうか？」という点。

例えば、私の住んでいる徳島県（四国）であれば、「Cu」「徳島人」などといったタウン情報誌があり、それぞれ人気です。前者は比較的、若い女性向け。後者は、もう少し高い年齢層からの支持が高い媒体となっています。クーポン誌においても、徳島限定のクーポン誌などが存在し、ある程度の集客が見込める状態です。

四国の田舎でも、このようにタウン誌やクーポン誌、ウェブ上のクーポンサイトが乱立している状態ですので、あなたの地域でもほぼ間違いなく（離島や極端な過疎地域を除いては）このような媒体が存在します。

〔図表16　地域のタウン誌、情報誌、クーポン誌のメリット・デメリット〕

●地域のタウン誌、情報誌、クーポン誌のメリット
・あなたの地域に住む人に知ってもらえる可能性が高い。
・認知度を広げるためには有効。
・基本的に手間や時間はほとんどかからない。

●地域のタウン誌、情報誌、クーポン誌のデメリット
・掲載費用がかかる。
・媒体によっては全く集客に繋がらない可能性も考えられる。
・多くの雑誌系は「広告効果」をきちんと計測していないので、「数字のデータ」が残っていない。

事前に購読層をある程度リサーチし、同業種の集客状況なども確認した上で、検討するとよいでしょう。

これらの情報もクーポンサイトと同じく、直接連絡を取って、営業担当に聞く」という行動で、ある程度は仕入れることができます。なお、「集客データが数字ベースで一切存在しない」という場合は、かなり慎重に判断するようにしてください。こうなってしまうと、ある種の「ギャンブル」になってしまいますからね。

【田村】「地域情報誌などの広告において、小さい広告枠は、ほとんどの場合、効果がイマイチです。掲載する場合はしっかり目立つ広告にしましょう！」

●集客手段④無料ブログ、ＳＮＳ

ここで言う「無料ブログ」とは、基本的なサービ

〔図表17　無料ブログ、SNSのメリット・デメリット〕

●無料ブログ、SNSのメリット
・導入がカンタン。
・費用がほぼ無料。
・コミュニティを広げることで販路拡大できる可能性がある。

●無料ブログ、SNSのデメリット
・集客につなげるには、時間と手間がかかる。
・使い方を間違えると嫌われることも。
・サービスの廃止や運営方針の変更など、運営会社に左右される要素が大きい。

スが無料で提供されている、ブログサービスのことです。数多くのサービスが展開されており、それぞれにコミュニティーが存在します。サロンオーナーさんには、２０１９年現在、「アメブロ」が、未だ人気の傾向ですね。無料ブログに関しては、「コミュニティーの中で人との繋がりを広げていく。拡散していく」という、ＳＮＳ的な要素が強い点が特徴と言えます。

「単にブログを整えて更新する」というだけでは集客に結びつかず、「しっかりと見込客との繋がりをつくることができるかどうか？」が、成否の分かれ目となっているのです。

またこの点は、各種ＳＮＳに関しても同じことが言えます。ＳＮＳも単に「発信」しているだけでは、何の集客効果もありません。無料ブログサービスと同様、「コミュニティーの中で人との繋がりを広げていく。拡散していく」という点が、成否の分かれ目と言えます。

なお、無料ブログ・ＳＮＳにおいても、「見込客がそこに集まっているかどうか？」しっかり見極めるようにしてください。ココがズレていると、そもそも何をやっても集客できませんからね。

また、特にＳＮＳに関しては、「公共の場」と捉え、「いきなり自社のアピールばかりしても、嫌われるだけ」という点は、覚えておいてください。

【サロ美】「ブログ頑張っている人、私の周りにも多いわよ」

【田村】「特に１人サロンオーナーには、多いですよね。確かに集客にも繋がるんですが、相応の時間と手間がかかるので、その点は覚悟して、挑んでください。安易に、『タダで集客できる』なんて考えていると、痛い目に合いますよ・・・」

【サロ美】「じゃ、オススメじゃないってことね？」

【田村】「いえ、状況によってはオススメです。特に集客に使える予算がない場合には、１つの選択肢と言えますね。逆に予算を割けるなら、あまりオススメしません。単純に、手間がかかりますからね。広告系のほうが手っ取り早いんです」

●集客手段⑤自社ホームページ、自社ブログ

ホームページに関する最も大きな誤解は、「ホームページをつくれば、そこからお客様が来てくれる」というものです。これは完全な迷信で、「ホームページをつくる＝集客できる」という図式

は成り立ちません。ホームページというものは基本的に、つくった時点では「絶海の孤島」状態です。つまり、誰もその存在を知りません。存在を知らないのですから、訪れる人もいないのです。

これは、「チラシを制作しただけでは集客できない」というのと同じですね。チラシで集客しようと思えば、「配布」という行動が必要となります。ホームページも同じで、「見に来てもらう工夫」がないと、誰の目にも触れない存在になってしまうのです。

ですから、ホームページからの集客を考える場合、

・チラシや各広告からの誘導（〇〇で検索 など）
・ＳＮＳからの流入
・ＳＥＯ（検索エンジン対策）

といった、「入り口をつくる対策」が必要となります。

生まれたばかりの「絶海の孤島」に、船着場をつくり、飛行場をつくり、観光誘致をしていくというイメージです。あくまで、「ホームページ単体では、集客に直結しない」と考えてください。

とはいえ、私はいつも、「サロンなら、ホームページは必ずつくっておきましょう！」と、お伝えしています。これは、「信頼性」の問題です。

例えば、あなたのサロンに興味を持った人が、サロンを検索したとき。「無料ブログしかヒットしないサロン」と、「しっかりとしたホームページとブログが、両方ヒットするサロン」では、明らかに「後者の信頼度が高い」という印象を受けます。そういった視点で考えると、「ホームペー

〔図表18　自社ホームページ、自社ブログのメリット・デメリット〕

●自社ホームページ、自社ブログのメリット

・しっかりしたホームページが存在することで、信頼性が高まる。
・キッチリとつくれば、集客にも貢献する可能性がある。
・他の手段においての「情報不足」をカバーできる。
・ホームページそのものにアクセスを集める対策をすることで、集客効果を高めることができる。

●自社ホームページ、自社ブログのデメリット

・外注すれば、相応の制作費用がかかる。
・無料ブログと比較すると、導入の難易度が高め。

ジは集客の基点となり、決め手にもなる」という意味で、必須と言えますね。

また、最近かなり増えてきた、「自社ホームページ」＋「自社ブログ」という形は、これからホームページをつくるなら、最もオススメです。「WordPress　ワードプレス」という、今世界で最も数多く使われているサービスを利用すれば、「見栄えは好みのホームページに。中身にＳＥＯにも強いブログ記事を仕込む」ということも、可能になります（ワードプレスの導入や運営といった内容に関しては、専門書なども数多くありますので、そちらに譲りたいと思います）。

現在は「無料でカンタンにつくれる！」といったホームページ作成サービス等が多数存在しますが、その後の運用や「集客の成果」を考えると、多少、導入時の難易度が高くても、ワードプレスで制作するほうがはるかに有効です。ご自身でも調べながらやれば導入できるとは思いますが、「ネットは苦手」という方は、その導入や制作を外注することも可能ですので、興味のある方は、調べてみるとよいでしょう。

注意点として、自社ホームページ、自社ブログ共に、「スマホで見やすく、操作しやすいようにつくる」という点を忘れないようにしてください。2019年の時点で、多くのウェブサイトは「7割～8割」ほど、スマホから見られています。今でもたまに、

「スマホで見ると、すごく文字が小さい」

「スマホで見ると写真サイズが合ってない」

「スマホで見ると、操作性が悪く、知りたい情報にサクッとアクセスできない」

といったものを見かけますが、これらは、かなりの機会損失となります。自社サイトも常に、「スマホで見ても問題ないか？」という視点でチェックしておきましょう。

5　集客手段を選ぶ基準

ここまで、集客の手段についてメリット・デメリットを踏まえ、ご紹介してきました。とはいえ、「選択基準がわからない・・・」という方もいらっしゃるかと思います。そこで、「集客手段を選ぶ基準」についても、お伝えしておきましょう。コレを覚えておけば、今後新しい手段が出てきた場合も迷いませんからね。

〔図表19　経費or手間〕

●集客手段を選ぶ基準①おおまかな2パターンを知る

集客には、おおまかに2つのパターンが存在します。

あなたが集客の手段を選ぶとき。

・経費をかけるか？
・手間と時間をかけるか？

まずは、この2択です。

コストをかけていいなら、ホットペッパービューティーや、タウン誌への広告。その他クーポン誌への掲載や、ネット広告なども選択肢に入ってきます。要は、お金をかける代わりに、時間と手間を省くのです。

逆に、経費を極力かけない方向で進めるなら、チラシの手配りや、ブログなどの自社メディアを使った発信などが、メインとなってくるでしょう。

お金をかけない分、自分の時間や手間を投資するイメージです。

【田村】「まずは手間をかけるか？　経費をかけるか？　の選択です」

●集客手段を選ぶ基準②コストによる違いで判断

同じ集客手段でも、「コストのかけ方」によって、やり方は少し違ってきます。例えば、チラシの配布を決めたとしましょう。ある程度の予算があり、時間や手間を省きたい場合・・・。

・制作を外注
・配布も外注や新聞折込
・手配りならノベルティを添える

などといった方法が考えられます。

対して、最小限のコストで押さえたい場合なら・・・

・制作は原稿データ自作し、ネットプリントサービスに入稿。
・ポスティングや手配り、店置きなどを自分で行う。

とすることで、最小限のコストでチラシ集客を行うことができるのです。

チラシだけでなく、他の手段を選んだ場合も、こういった違いは出てきます。一概にどちらが正しいという話ではなく、「予算と手間のバランス」を考えて選ぶといいですね。

【田村】「ただし、時間や手間を最小限におさえたいタイミング、(新規オープン時や繁忙期など)は、なるべく集客にかける予算を確保。時間や手間は最小限に押さえる方が賢明です」

【サロ美】「やっぱり、集客の予算も必要?」

【田村】「そうですね。そこについても、詳しくお話しておきましょう」

●集客手段を選ぶ基準③ハイブリッドが最もオススメ

集客に使える経費に関しては、サロンの現状によって違いがありますし、「これで失敗したら潰れる・・・」みたいな大勝負は、しない方が賢明です。無理のない範囲で、経費を投入していく方がいいでしょう。

とはいえ基本的には、「経費のかかるもの、かからないもの」両方をうまく使い分けながらブレンドする「ハイブリッド」が最もオススメです。「私は集客にお金を一切かけません」といった選択は、オススメできません。

すでにある程度の顧客を掴んで安定しているならまだしも、「まだまだ顧客数が全然足りない！」といった状況にも関わらず、ゼロ円で集客を進めるというのは、さすがに限界があります。しかし現実には「顧客数が少ないサロン」の方が経費に余裕がなく、そういった店のオーナーほど、「ゼロ円集客」を探し求める傾向にあるのです。

「広告費を沢山かけないと無理！」ということはありませんが、1人サロンの経営も、「事業」なのです。ある程度の「投資意識」をもって、集客を考えていきましょう。例えば、

・広告系はホットペッパーの安めのプラン
・チラシ制作は一部外注、自分でポスティング
・ブログは自分のペースでボチボチ進めていく

といった形であれば、「ゼロ円」ではないにせよ、多大な経費もかかりません。「自分でできる範囲は、

自分でカバー。経費をかける部分には、予算内である程度かける」こういうスタンスの方は、ある程度の期間で、しっかりとサロン収益を伸ばせる可能性が最も高いのです。

6　集客は「連携」が必要な時代に！

今、「単一で集客が完結する」という機会が、ドンドン減ってきています。例えば、チラシを例に考えてみましょう。仮に１００人があなたのサロンのチラシを手に取り、そのうち10人が、興味を持ったとします。この10人のうち、少なくとも５人以上は、あなたのサロンを「検索」する時代なのです。

そして、サロンのホームページを見て、「実際に予約するかどうか？」判断します。つまり、一昔前であれば、『チラシを見る』→『予約』という流れだったものが、『チラシを見る』→『検索』→『ホームページ』→『予約』という流れに、変化しているのです。

これはクーポンサイト等でも同じことが起きており、『気になるサロンをチェック』→『サロンのホームページも確認』→『ネット予約』という流れを踏む方が、かなり増えてきています。

こういった「集客の連携」を意識せずにいると、「チラシに、ホームページ検索させる工夫がない」、「せっかく興味を持ったのに、ホームページがない」また場合によっては、「ＳＮＳでいきなり売り込みまくる」といった、凡ミスが発生してしまうのです。

「集客は連携プレーが必要になっている」という点を意識して、あなたはこのようなミスをしないように注意してください。

7　超カンタン！　ネット上の「見込客数」を知る方法

あなたがネット上での集客を考えるとき、「そもそも、見込客はどれくらいネット上にいるのか？」事前に調べておくことをオススメします。なぜなら、「そもそも求められていない物を販売する」というのは、限りなく効率が悪く、難易度も高くなってしまうからです。

サロン経営は、いわゆる「ネット通販」とは別物と考えられていますが、こと「ネットを利用した集客」に関して、実は大きな違いはありません。「商品をカートに入れる→自宅に届く」と、「サロンに予約する→サロンに行く」という違いだけなのです。

極端な話、「ガソリン」は日々、リアルな場であるガソリンスタンドで売れていますが、ネットで「ガソリンを買いたい！」と探している人は皆無でしょう。わかりやすいように極端な例を出しましたが、中にはそれに近いことをしているサロンオーナーさんも、実際に見かけます。

では、どうすればいいのか？　実は、ものの数分で、あなたにとっての「ネット上の見込み客数」を調べる方法があるのです。それが、「アラマキジャケ」という無料ツール（図表20）。

このツールはインストールなどの必要もなく、誰でもカンタンに使えるので、サロンオーナーさ

〔図表20　アラマキジャケ〕

参考画像１

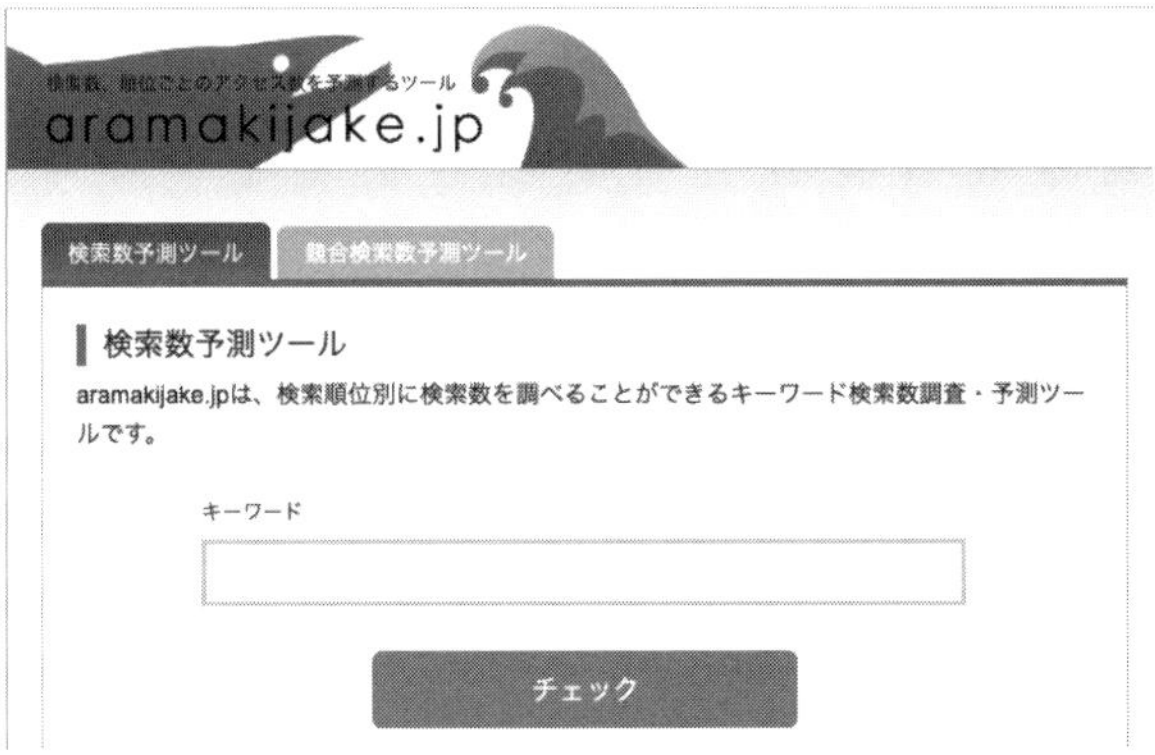
aramakijake.jp
検索数予測ツール
競合検索数予測ツール
検索数予測ツール
aramakijake.jpは、検索順位別に検索数を調べることができるキーワード検索数調査・予測ツールです。
キーワード
チェック

参考画像２

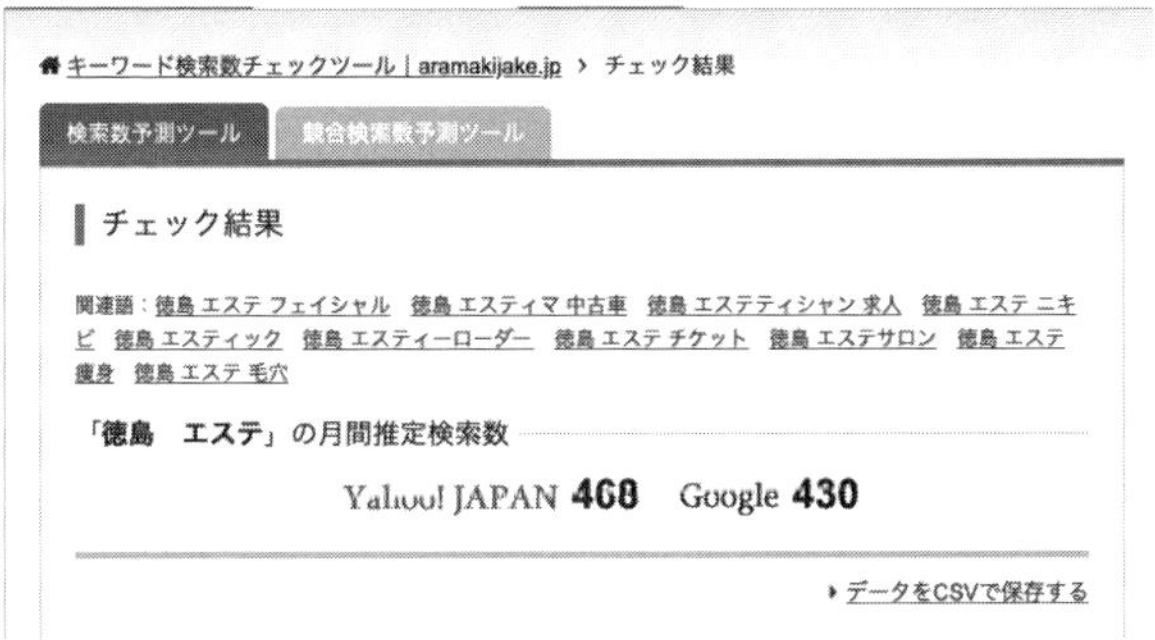
キーワード検索数チェックツール | aramakijake.jp › チェック結果
検索数予測ツール
競合検索数予測ツール
チェック結果
関連語：徳島 エステ フェイシャル　徳島 エスティマ 中古車　徳島 エステティシャン 求人　徳島 エステ ニキビ　徳島 エスティック　徳島 エスティーローダー　徳島 エステ チケット　徳島 エステサロン　徳島 エステ 痩身　徳島 エステ 毛穴
「徳島　エステ」の月間推定検索数
Yahoo! JAPAN 468　Google 430
データをCSVで保存する

参考画像３

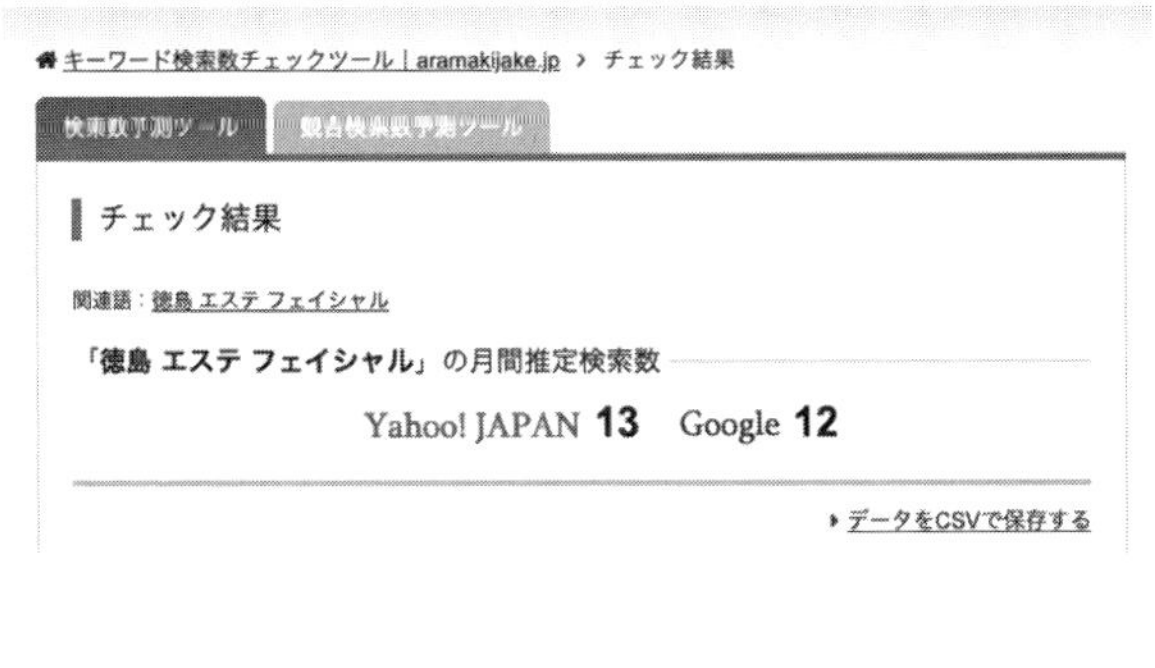
キーワード検索数チェックツール | aramakijake.jp › チェック結果
検索数予測ツール
競合検索数予測ツール
チェック結果
関連語：徳島 エステ フェイシャル
「徳島 エステ フェイシャル」の月間推定検索数
Yahoo! JAPAN 13　Google 12
データをCSVで保存する

んにはよくオススメしています。「アラマキジャケ」と検索しますと、トップに「キーワード検索数チェックツール｜無料ＳＥＯツール aramakijake.jp」が、出てくるハズです。

まずは、「参考画像1」をご覧ください。先ほどの検索結果をクリックすると、このような画面が開きます。「キーワード」と書かれた下の空欄に、「あなたのサロンがある地域名（もしくは駅名）・空白スペース・業種名」を記入して、「チェック」をクリックしてみてください。ここでは試しに、私が住む地域である「徳島　エステ」と入れてみましょう。

すると、「参考画像２」の画面が開きます。この例では、「Yahoo! JAPAN　４６８・Google ４３０」と出ています。あくまで「検索数予測」ですので、正確な数字ではなく概算（Google のツールを使っても、正確な数字を知ることはできない）となりますが、「このキーワードで月間８９８回検索されている」ということがわかります。これは、イコール「毎月９００人近くが徳島のエステサロンを探している」とは言えないまでも、１つの指標と言えるでしょう。

さらに、「参考画像2」のチェック結果には、「関連語」として、先ほど調べたキーワードに対する「関連キーワード」も、表示されています。試しに冒頭に出ている「徳島　エステ　フェイシャル」をクリックすると、「参考画像３」の画面が開きます。ここでさらに、細かいキーワードの検索数予測を知ることができる、というワケです。

この例では、「Yahoo! JAPAN13・Google12」と出ていますので、「月間25回ほど、検索されている可能性が高い」という情報を得ることができるのです。

「たった25回・・・」と思われた方もいらっしゃるでしょう。私が住む地域の人口が少ないこともありますが、「徳島　エステ　フェイシャル」と、メニュー名にまで絞り込んだ結果の「25回」ですので、もしあなたの地域でこのような結果が出ても、落胆するレベルではありません。

検索回数がゼロ、もしくはごく少ない場合は、「データが見つかりませんでした」と表示されます。そのような場合には、「これをネット集客で広げていくのは難しそうだな」という予測が立つので、他の集客手段を考えていけばよいでしょう。

このように、ネット集客を考えるときは、「あらかじめ、ニーズのボリュームを調べておく」という点が、とても大切です。「ネット集客が上手くいきません・・・」という方の中には、「そもそもネットに見込客がいないもの」を一生懸命売ろうとしている方が、少なくないのです。

【田村】「ちなみにGoogleが提供する『キーワードプランナー』というツールを使えば、さらに詳細なデータを得ることができます。SEO対策にキーワード選定を行いたいという方は、競合レベルや広告での入札額なども見ることができるので、こちらがオススメです。

とはいえ、『ネット上での見込客数をザックリ知りたい』くらいのものであれば、今回ご紹介したアラマキジャケで十分ですので、ご活用くださいね」

【サロ美】「私、ネットの世界ってほんとよくわからないのよね・・・」

【田村】「そういった場合、無理にネットに固執する必要はありませんが。もしネット世界の全体像を知りたいとお考えの場合は、『シュガーラッシュ・オンライン』という映画を見ると、すごくわかりやすいですね。ディズニー・ピクサーの作品ですが、ネット世界の仕組みを驚くほどわかりやすく表現している作品なので、すごくオススメです。子供向けの映画なのですが、大人が見ても楽しいものに仕上がっています」

【サロ美】「えー、そう言われたら、見てみるわ」

【田村】「完全に余談ですが、同じくピクサー映画の『インサイド・ヘッド』は、経営者のメンタルコントロールにすごく役立つ作品なので、こちらもぜひ‼」

8 「アレもコレも病」が、集客を失敗させる

先ほどの話とは逆説的に聞こえるかもしれませんが、「1つの手段を徹底せず、アレもコレもと手を出した結果、集客が上手くいかない」というサロンを、私は数多く見てきました。今は色んな集客手段が乱立し、次から次へと新しいもの（一見新しく見えるだけ、とも言えますが）が出てくるので、無理もありません。

集客の手段そのものは、色々とあります。「どれが向いている」というのは、あなたの現状や、「使える経費」でも変わってくるので、「コレ1択！」と言い切ることは不可能ですが・・・。

とはいえ、

「チラシは1回やったけど、全然ダメだったし・・・」
←
「ブログがいいって聞いて、やってみたけど・・・」
←
「今はSNSだって聞いて、ガンバっているけど・・・」
←
「やっぱLINE@がキテるらしい・・・」

といった具合に、ちょっとカジッては、違うものに手を出して、またあきらめて・・・。というような悪循環にハマっていては、望む成果を出すことは難しいでしょう。

まずは、1つの手段でやり切る。その手段は、あなたがピンときたもの。嫌いではないもので構いません。それを徹底した上で、「集客数を、もう少し増やしたい」と感じたときに初めて、別の手段を「加えて」いけばいい。

ぜひアナタも、「私はまず、この集客を徹底する！」というものを1つ、持ってくださいね。

9 「お客様がどうなるか？」を見せまくる！

本書では何度もお伝えしてきましたが、お客様は基本的に、「自分自身のメリット」にしか、興味がありません。つまり、「あなたのサロンに行くことで、自分にどんなメリットがあるのか？」ということです。この点を一気に解決するのが、「お客様の声・お客様の事例写真」の2つ。

例えば、「小顔に見えるカットができます！」といくら広報しても、それを聞いただけでは「半信半疑」という方が、ほとんどでしょう。

しかし、そこに10名ほどのビフォーアフター写真があり、「確かに、小顔に見える！」となれば、どうでしょうか？　一気に、気になり始めませんか??

ビフォー・アフター写真は、証拠そのもの。「小顔になります!!」と、100回伝えるよりも、写真で証拠を見せる方が、遥かに効果的なのです。

【サロ美】「でもウチはリラクゼーションだし、そういう、目に見える効果ってないのよね…」

【田村】「そういった場合は、『お客様の声』という形で、感想をいただいて掲載するのもいいですね。それも1つや2つでは弱いですが、沢山あると安心感や信頼感に繋がります。お客様との2ショット写真なども、一緒に掲載できると、より人気（ひとけ）が出てきます。人気（ひとけ）が増えてくると、『このサロンは、人気があるんだな』という印象を受けやすくなりますから」

【サロ美】「なるほどねー」

【田村】「注意点として、写真はモチロン、ご感想などいただく場合も、

・掲載許可

・編集許可
・顔出しの有無の確認

といったものは、事前に確認しておきましょう。編集許可については、やはりお客様が書いたままの文面ですと、読みづらい場合がありますので。内容を変えるという意味ではなく、文面の体裁を整えるという意味合いです。

また、顔出ししない場合も、『名前だけならＯＫ』とか『イニシャルだけならＯＫ』といった形で、掲載許可を事前に頂いてください。

法令違反に注意

「美容医療」の分野に関しては、ビフォーアフター写真の掲載などが原則、法律で禁止されています。しかし、私達サロンは「医療機関」ではなく「美容サービス」にあたるため、本書を執筆中の２０１９年5月現在、

・ビフォーアフター掲載は、ただちに問題とはされない。
・ただし、「非現実的な広告」は禁止。
・再現性の低いものを広告するのは禁止。
・特殊な例を広告に用いるのは禁止。

といった状態です。

ただし今後、こういった点がいつ、どのように変更されるかわかりません。法律に関しては、ご自身で調査し、自己責任で遵守するようにお願いいたします。

10　写真のクオリティがサロンの命運を握る

こと「集客」に関して、「写真のクオリティは、集客の命運を握る」ということを、覚えておいてください。

私達サロンの多くは、「女性客」がメインターゲットです。では、その「女性」が、どんな判断基準でサロンを選ぶのか？　その重要な要素の1つが、「雰囲気」なのです。

例えばあなたも、「行ったことのない飲食店」を選ぶとき、検索したり、情報誌を見た結果、「写真の雰囲気」にも、随分左右されているハズ。これはサロン選びに関しても同じで、

・サロンの店内写真
・あなたのプロフィール写真
・施術風景の写真
・お客様の事例写真

など。サロン集客には、「写真」を活用する場面が沢山あります。全く同じサロンの店内写真であっても、「昼間、自然光が差し込む時間帯に撮影したもの」と、「夜間に、撮影したもの」では、受け

る印象も大きく違ってきますよね？

これは一概に、「明るいほうがいい・間接照明に照らされた雰囲気が好ましい」という問題ではなく、「どう見せたいか？」また、「お客様には、どちらが好まれそうか？」といった部分で、判断されるとよいでしょう。

もちろん、時間帯だけではなく、撮影するアングルで違って見えますし、「撮影する機材」によっても、この辺りの印象は大きく変化します。極端な話、あなたが手持ちのスマホで「パシャリ」と撮ったものと、プロが専用機材できちんと撮影したものでは、全く違う仕上がりになってくるでしょう。

サロンの写真には「投資する価値」が十分にありますので、ホームページや広告などに使う重要な写真は、プロにお願いするのがベストです。「ステキなサロンだな」「ここに行ってみたいな」と、感じていただけるような写真を用意することは、今やサロンにとって「必須事項」と言えるのではないでしょうか？

【田村】「意外と見落とされがちですが、あなた自身の写真にも注意を払い、きちんと活用すべきです。例えばたまに、『施術中はほとんどマスクしているから』という理由で、ホームページやチラシの施術写真も、マスク着用で撮影している方を見かけます。しかしこれでは、『どんな人なのか？』雰囲気が伝わりません。
サロンの最大の商品は、あなた自身。しっかりあなたという商品の雰囲気も、写真で伝えましょう！」

11　利益を生み出す「効果的なキャンペーン」のつくり方

サロンでは「1周年記念・サマーキャンペーン・年末キャンペーン」など。キャンペーン企画をよく見かけます。しかし、「意図がないキャンペーン」は、たいした利益を生みません。それどころか、一歩間違うと、逆に利益を減らしてしまうことも…。あなたはこのようなことがないように、「利益を生み出すキャンペーン」を開催してください。

まず、そもそもキャンペーンは、大きく分けて、「顧客に向けたキャンペーン」、「新規に向けたキャンペーン」の、2種類あります。ここを理解せずに開催すると、「キャンペーンって、何をやればいいのか？」という状態に陥ってしまうのです。

それぞれ、詳しく見ていきましょう。

顧客に向けたキャンペーン

まずは、顧客向けのキャンペーン。これは、いわゆる「感謝祭」です。主な目的は、「顧客への利益還元」となります。この場合は、自店の顧客に向けて行うので、「顧客が喜びそうな内容」や、「顧客が得するモノ」であれば、ある意味、何をやってもよいと言えます。

わかりやすいように、具体例を挙げておきますね。

●（例１）くじ引き系
（表記例）７月中にご来店の方限定！　技術料金２０００円ごとに、豪華景品が当たるスピードくじを実施！　ハズレなし！（こちらのお知らせが届いた方のみ、対象とさせていただきます）

実際に私もやったことがあるキャンペーンです。当たりクジの中身は、物販商品や、５００円割引券、お菓子詰め合わせなど、何でもＯＫ。注意点としては、外れクジをなくすか、極力少なめにしましょう。

●（例２）イベント系
（表記例）７月中にご来店の方限定‼　小銭掴み取り大会‼　５００円玉も入れてますよ（笑）。（こちらのお知らせが届いた方のみ、対象とさせていただきます）

こちらも、私が実際に行ったキャンペーンです。意外と盛り上がりますが、「小銭を何に入れるか？」のさじ加減が難しいという思い出があります・・・。

●（例3）割引キャンペーン
（表記例）7月中にご来店の方限定!!
「カット＋カラー」「カット＋パーマ」「カット＋縮毛矯正」上記メニュー
すべて3000円割引
（こちらのお知らせが届いた方のみ、対象とさせていただきます）

こちらは、シンプルな割引キャンペーンとなります。私はやったことがなく（やる方は多いですが）あまりオススメではないパターンです。確かに、その期間には顧客が集中しやすいですが、この形で行うなら、閑散期ですね。

【サロ美】「顧客向けキャンペーンは、ポイントとかあるの？」

【田村】「基本的に、顧客に喜んでもらうという精神で企画すれば、大きく外すことはないでしょう。逆に、『この期間で利益を！』と考えると、ハズす可能性が高くなります。そういった方向なら、新規に向けたキャンペーンを行うほうがベターですね」

新規に向けたキャンペーン

顧客向けのキャンペーン目的が「利益還元」であるのに対して、新規向けのキャンペーンは、いわゆる「集客」を目的とします。あなたのサロンに来たことがない人に向けてキャンペーンを行うのですから、当然といえば当然の話です。とはいえ、顧客向けと違い、集客に繋がらなければ役立たず。そういった意味では、顧客向けのキャンペーンよりも、難易度は高いと言えます。

ではなぜ、集客に「キャンペーン」を活用するのか？　例えば、定価1万円のメニューを半額にして、一気にお客を集めたいとします。しかし、何の理由もなく年中「半額」では、その価格が定価になってしまいますよね。だからこそ、「○周年記念キャンペーン」「年末感謝祭」といった具合に、「キャンペーンを口実にして」大幅値引きを行ったり、特典を付けて集客する、という行為をしているのです。

なお、こちらを行いたい場合は、先ほどご紹介した、「くじ引き系」、「イベント系」などは、不向きと言えます。あなたのサロンを「知らない人」に対して、こういったイベントを行っても、訴求効果が薄いので、この点には注意してください。新規向けのキャンペーンを行う場合は、シンプルに、（例3）で挙げたような、「割引キャンペーン」が、ベターでしょう。

【田村】「顧客向けのキャンペーンなのか？　新規集客のためのキャンペーンなのか？　によって、実際に企画の内容が変わってくるという点が、ミソですね」

開催予告は必須

なお、どんなキャンペーンを行う場合も、「開催予告」が必須となります。

例えば、顧客向けのキャンペーンであれば、

・口頭で伝える。
・店内ＰＯＰで告知。
・ニュースレターやＤＭ。
・メルマガやLINE@。
・ブログやＨＰ、ＳＮＳ。

など、「顧客にいろんな手段で、事前に伝える」ということを、忘れないでください。

新規向けのキャンペーンであれば、ブログやＨＰ・ＳＮＳなどの告知に加えて、広告やチラシなど、「あなたのサロンを知らない人も、目にするもの」を使って、キャンペーンをお知らせする必要があります。

【田村】「顧客向けのキャンペーンを広告に載せても、仕方ないですよね。同様に、新規向けのキャンペーンを、外に向けた告知ナシで開催しても、誰も知らないので、意味がなくなってしまいます。当然、集客効果も見込めないのです」

キャンペーン開催のタイミング・名称

「キャンペーン」と一口でいっても、いろんな名称のものが考えられます。「〇周年記念キャンペーン」という形は、最もメジャーなものの1つですが、他にも、

・サマーキャンペーン
・年末キャンペーン
・お年玉キャンペーン
・クリスマスキャンペーン
・決算セール
・バレンタイン企画

などなど。ある意味、「いつでも」開催は可能です。

キャンペーン以外にも、「感謝祭」などはよく使われる言葉ですね。サロンの都合に合わせて、ある意味「自在」に開催できてしまいます。ただし、「年がら年中キャンペーンしている」というのは、あまりオススメできません。

開催のオススメ時期は

ちなみに、主に「狙いたいタイミング」というのも、存在します。こちらも、「顧客向け・新規向け」によって違うので、それぞれお話しておきましょう。

まず顧客向けの場合、開催したいのは基本的に、「閑散期」です。「顧客に喜んでもらう」、「顧客に得した気分になってもらう」というのが主な目的なので、わざわざ「忙しい時期」に、開催する必要はありません。

対して新規向けキャンペーンの場合は、基本的に「ボーナス時期」、「そのメニューが売れやすい季節」を狙いたいところです。単純に、ボーナス時期はモノでも何でも、売れやすい傾向にあります。これはサロンにおいても、例外ではありません。
ただ、「サロンのメニューが売れやすい時期」というのは、業種・サロンごとに違ってきます。このあたりは考慮しつつ、あなたのサロンに合わせてキャンペーンを行うといいですね。

導入キャンペーンも

これまでご紹介した例以外に、「導入キャンペーン」も見逃せません。

・新しいメニューの導入
・新しい機材の導入
・新しい商品、商材の導入

こういった、「何らかの新導入」というのは、キャンペーンを上手く使うことで、その後の売上を伸ばす「キッカケづくり」となり得ます。

例えば、新しいメニューの導入。こういったとき、私は必ずサロンで、「新メニュー○○が始まります！　新導入にともない、○月中はキャンペーンを行います!!」といった内容で、キャンペーンを実施しています。具体的には、

・上顧客には初回無料

・常連さんには特別価格
・一般客には割引価格

といった感じで、提供するのです。気に入っていただければ、次回からの単価アップにも繋がり、結果的に収益アップとなります。

また、新商品を導入したときも、全く同じです。上顧客には無料で差し上げたり、常連さんには割引価格で提供したりもします。美容室においては、特に同じメーカーの同じフインナップであっても新商品はドンドン出てきますので、「すべての商品で」というわけではありませんが、「ここぞ！」という商品や、「これは本当に、今までにない」という商品を導入したときは、こういったステップを「あえて踏む」ことで、その後の売上を伸ばすことが容易になるのです。

【田村】「もう一歩突っ込んだお話をすると、こういったキャンペーンで無料とさせていただいた方に、モニターをお願いするというのも、１つの手ですね。さらに言えば、導入キャンペーンを行う前から、ビフォーアフター事例を集めておくということが可能なら、それらを利用することで、さらに一般客への反応も上がります」

勘の良いあなたなら、もうお気づきかと思いますが・・・。要は、「どんな目的をもって、キャンペーンを行うのか？」によって、その企画内容から告知方法、タイミングに至るまで、違ってくるということです。ここを間違うと、結果も内容も、「よくわからないキャンペーン」と、なりかねません。何の意図もないキャンペーンは、ただの安売りや自己満足。「誰に向けて」「どんな意図で」開催するのか？　キャンペーンを考えるときは、この2つの視点を忘れないでください。

12　クーポンサイトの攻略

ここで、この章の最後に、「クーポンサイトの攻略」についても、お伝えしておきましょう。私自身、勤務時代から、当時リリースされたばかりだった「ホットペッパービューティー」に取り組み、様々な実証実験を繰り返してきました。

5年ほど前からは、全国から様々な業種のサロンオーナーの「クーポンサイト攻略」をサポートさせていただき、数々の成功事例をつくってきた過去もあります。

「クーポンサイト」と一言にいっても、現在は本当に多種多様なメディアが生まれていますが、「集客手段」でもお伝えした通り、やはり2019年現在、最もユーザーが集まっている（サロン・お客様共に）のは、ホットペッパービューティーです。

これは、当の会社からすれば「そんなことはない！」と反論されるかもしれませんが、今ある数々のクーポンサイトの源泉は、間違いなくホットペッパービューティーです。よって、その「攻略法」に関しても、かなり共通点・類似点があります。

私自身が実際に運用してきたのはホットペッパービューティーですが、今、あなたがご利用のクーポンサイトが違うものであっても、基本的に「やるべきこと」は同じですので、参考にしていただければ幸いです。

●クーポンサイトの攻略①キャッチコピー

クーポンサイトの攻略において、まず欠かせないのが「キャッチコピー」です。ホットペッパービューティーに掲載されている方は「キャッチ」でお馴染みの部分ですね。他のクーポンサイトにおいても、今のところ「サロンのキャッチコピー掲載がない」というモノは、目にしたことがありません。

当然ながらここは重要ポイントで、閲覧者の多くは、「地域検索」でズラーっと並ぶサロンの中から、まずこのキャッチコピーと写真を見て、「クリックするか？・しないか？」を一瞬でジャッジしていきます。

とはいえ、ご安心ください。クーポンサイトのこの部分、本書の第2章でご紹介した、「コンセプト」を活用すればいいのです。クーポンサイトによって、掲載できる文字数はまちまちですが、スペースの許す範囲で（でも簡潔に）、あなたが決定したコンセプトを応用して掲載すれば、問題ありません。

また、ことクーポンサイトに関しては、定期的にこの部分の見直しを行い、時に大胆に変更してみるのもよいでしょう。「キャッチコピーの文言を変えただけで、反応が上がった」という事例は、これまで数え切れないほど、見てきましたからね。

●クーポンサイトの攻略②写真は目を引くか？

すでにサロン集客における「写真クオリティの重要性」は、お話した通りです。クーポンサイトにおいても、当然ながら、この「写真クオリティ」は、集客結果を大きく左右します。

クーポンサイトの写真で気をつけるべきなのは、「同地域、同業種と比較して、どう見えるか？」という点です。特に、サイト内の地域検索一覧の画面で、あなたのサロンがどのように見えるか？どう映っているか？「良い意味で」しっかり目を引くことができるか？といった視点で、チェックしてください。

また、「施術中の雰囲気を伝える写真」も、積極的に使っていきましょう。サロン自体の雰囲気だけでなく、あなたの雰囲気も同時に伝えることが大切です。

余談ですが、時々サロンオーナーが、ご自身のプロフィール写真を掲載「していない」ことがあります。これは明らかに、集客にとってマイナス効果なので、注意してください。

●クーポンサイトの攻略③クーポン

「クーポンサイト」というくらいですから、ご存知の通り「クーポン」がありますよね？当然ながらクーポンサイト攻略には重要な要素の1つとなります。「クーポンをつくり直しただけで、集客数がグンと伸びた」という報告も、1つや2つではありません。

しかし、多くの方が思い悩むこの「クーポンづくり」についても、あなたは悩む必要がありません。本書の第4章でお伝えした「メニューづくり」を活かせばいいのです。季節に合わせて「売れやすいメニュー」をつくったり、コースメニューを利用するなど。ご紹介したメニューづくりのノウハウをしっかり活用すれば、クーポンなんて、いくつでもつくれます。

クーポンサイトであれば多くの場合、「どのページに、どれくらいのアクセスがあったか？」「どのクーポンが何回クリックされたか？」など、詳細なインサイトのデータを収集することが可能です。集計データや集客結果とあわせて、様々なクーポンを実験的につくっていくとよいでしょう。

●クーポンサイトの攻略④ブログ活用

これはクーポンサイトによって有無がありますが、ホットペッパービューティーにおいては、「ブログ機能」が存在しますので、こちらも活用しておくべきです。

基本的には、お客様の事例や、お客様との2ショット写真など。一般的なブログ活用法と、方向性は同じです。

ただ、特にクーポンサイトのブログ機能に関しては、意図的にあなたのプライベート記事を掲載していくことを、オススメします。クーポンサイトというのは便利な反面、完全にビジネス目的で運用されているものなので、「温度」がありません。

しかしここに、あなた自身が露出するプライベートなブログなどがあれば、一気に「温度」が感じられるようになってきます。人間は面白いもので、「人の顔が写っている写真」に目がいくものです。

もちろん、サロンの情報やキャンペーン、新商材などの紹介を行うのも悪くはないですが、そういった記事ばかりにならないよう、しっかり「あなた」を見せてください。「どんな人が、施術してくれるのか？」実は多くのお客様は、ここに興味を持ち、不安を抱きやすいものですからね。

●クーポンサイトの攻略⑤口コミ増加策

最後に、クーポンサイトの攻略に「なくてはならないもの」。それが、口コミです。これは数々の実証実験でわかったことですが。サロン集客に利用するクーポンサイトにおいても、「口コミ投稿が10件以下」つまり一桁のサロンと、「口コミ投稿が20件以上」というサロンでは、明らかに後者の集客力が強くなります。全く同じサロンで比較しても、です。

つまり、それだけお客様はサロンを選択する基準の1つとして、「他者の口コミ投稿」を見ているということ。それも、口コミが一定数以上ある方が、「この口コミには信憑性がある」と判断される傾向にあります。単純に、口コミ投稿は、多い方が有利というワケです。

これは自分が買う側の立場になれば、納得できます。特にネット通販などで、「ハッキリと品質がわからないもの」を買うとき。いわゆる、他の購入者の「レビュー」をチェックしたくなりますよね。私も、チェックします。そのレビューの「数」も含めて、です。

「はじめてのサロンに予約する」という行動も、これに近いのではないでしょうか？　実際、サロンも、「行ってみないと」わからないもの。つまり、お客様の「不安解消」であったり、「最後の一押し」に、一役買うのが、口コミと言えます。

実際、ホットペッパービューティーのデータを見ていると、ご予約いただける新規様は、ほぼ確実に、口コミページも閲覧しているのです。

では、どのようにして口コミ投稿を増やすのか？　少し前置きが長くなってしまいましたが、私も色々と試してみた結果、その「コツ」を見つけましたので、ご紹介しますね。

まず、１番重要なのは、「お客様の来店時に、直接、口頭で口コミ投稿をお願いする」ということです。「口コミが増えないいんです・・・」という声がよく届きますが、実は普通、よほどマメな人でない限り、口コミなんて書きません。ですから、「口コミを投稿していただけると、すごく嬉しいんですが・・・ぜひ、お願いします!!」と、ハッキリ口頭で伝えてしまうのです。

さらに、クーポンサイトを経由してネット予約いただいたようなお客様でも、「口コミ投稿はしたことがない」という方が多いものです。その場合、そもそも「口コミ投稿の方法」を、ご存知ありません。ですから、まずは「パソコン・スマホ」どちらからご予約いただいたか？　確認した上で（７割以上はスマホですが、仕事中にパソコンをよく使われる方は、パソコンで閲覧していることも）、スマホなら、あなたのスマホ画面を開きながら、パソコンなら、できればパソコン画面を見せながら、口コミ投稿の方法を、丁寧にお伝えしてください。

ここまでした上で、最後のひと押しとして「特典」を提示するのです。特典はちょっとしたもので構いませんが、あまりに「欲しいとは思えないもの」を用意しても、やはり意味がありません。あくまで、お客様がもらって嬉しい、喜んでいただける特典を用意しておき、最後にお伝えしましょう。

話してしまえば、タネも仕掛けもない話ですが、ここでお伝えした方法が、まず間違いなく、最も口コミ投稿が増えるやり方です。もう一歩言えば、『システム的に問題なければ』同じ方でもいいので、複数回、口コミ投稿してもらいましょう！　一度投稿していただいた方は、2回、3回と投稿していただける可能性が高いものです。

「毎回」ではなくてもいいですが、おそらく特典にも喜んでいただきつつ、サロンでの満足度も高いお客様なので。こういった場合は、かるくお願いすればよいでしょう。

なお、特にホットペッパービューティーでは、「口コミ投稿限定クーポン」なるものをよく見かけますが、（試した方はご存知の通り）、あれはほとんど効果がないので、オススメしません。

クーポンサイトからは脱却すべきか？

私自身は、クーポンサイトをしっかり活用することで、随分良い思いをしてきましたので、マイナスイメージはありません。しかし、「掲載費用がかかる」「掲載費用の値上げがあった」といった点。さらに、「反応が下がったので、掲載をやめた」という経験があるオーナーさんの中には、ネガティヴなイメージをお持ちの方も多いでしょう。

また、「クーポンサイトからは脱却すべきだ！」「クーポンサイトは搾取だ！」といった声まで、聞こえてきます。私は運営者ではないので、この辺りの意見が分かれることは、ある程度、仕方ないと考えていますが・・・。こういった「上手くいかなかった掲載店」の声を鵜呑みにして、掲載したこともないのに、最初から「クーポンサイトは悪」と考えるのは、機会損失です。

確かに、大きく費用対効果を割り続けるような場合は、継続は考え直したほうがベターかもしれません。しかし、私のサポートするサロンで、クーポンサイトを活用されているオーナー達は、掲載を止めないのです。理由を伺うと、皆さん口を揃えて、「費用対効果がよいから」と、おっしゃいます。この判断は本当に、賢明であると感じるのです。

実は多くのサロンオーナーは、「サロンにおける独特の費用対効果」を正しく理解していません。

サロンにおける費用対効果

まずそもそも、費用対効果とは何なのか？　これは、「かけた費用と、それにより得たメリットのバランス」と言えます。サロンにおいてはよく、広告費用に対して使う用語ですが、実は多くの方が「そのメリット」に関して、勘違いしているのです。

例えば、クーポンサイトの掲載費用が、毎月5万円だとしましょう。わかりやすく、「1か月」で、かつ新規の単価が1万円として、考えてみます。

この5万円の広告で、仮に10人の新規客が来店されたとします。この場合、「新規売上」は10万円となるので、こうなれば、誰がどう見ても「プラス」です。

では、この5万円の広告で、来店された新規客が5人だった場合、どうでしょうか?「新規売上」は、5万円。「新規が5人来ても、広告費が5万円なんだから、全然得してないじゃないか!」と感じる人も、一定数いるハズです。

では、さらに話を進めて、5万円の広告費で、来店された新規客が3人だったら、どうでしょう?「5万円も広告費払ってるのに、全然ペイできてないじゃないか!」と感じる方が、先ほどよりさらに増えるでしょう。

しかし、これらの例でいいますと、どのパターンになっても、「費用対効果はマイナスではない」と言えます。これは個人の捉え方にも影響を受けますが、「いずれもプラス」と言っても、過言ではありません。

なぜなら、私達が行うサロン経営は、原則「リピート商売」だからです。基本的に一定数の顧客が繰り返しご利用いただけるので(その確率は最大限に高める努力をすべきですが)、たとえ単月で広告費をペイできなかったとしても、その後のリピートは生まれます。仮に、最後の例に出した、「5万円の広告費で来店された新規客3名」のうち、2名が、その後1年間、毎月来店(同じ単価で)されれば、年間24万円の売上。仮に、1名だけしか残らなかったとしても、年間12万円の売上となります。

この売上は、「広告を使わなければ」ゼロだった売上です。このように「中・長期の未来も含めて」考えると、費用対効果の「見え方」は、随分と違ってきます。

多くの方が、「最小限の経費で、大きな成果を得たい」と考えています。「損したくないから、継続的な広告には踏ん切りがつかない」といった気持ちも、私自身、サロンを経営してきたので、痛いほどよくわかります。

しかし、そういった意識のまま、「経費を投資する」ということを避けてばかりでは、なかなかサロンは軌道に乗りません。もちろん、「これで失敗したら、潰れる」といったチャレンジは避けるべきですが・・・。可能な範囲で、リスクを取ることも、時には必要となってくるのです。

まずはサロンにおける「費用対効果」を正しく捉え、タイミングによっては、クーポンサイトなどの広告も活用されることをオススメします。

【サロ美】「そう言われちゃうと、私もクーポンサイトやろうかな」

【田村】「一概にクーポンサイトがいいよ！　って話ではないので、きちんとリサーチした上で、慎重に決定してくださいね。あくまで、自己責任でお願いします（笑）」

13　第5章のポイント

サロン集客は、「パターンと本質」を知っておけば、ムダな悩みが消えます。本質を押さえた上で、あなたの現状や使える経費に合わせた集客手段を選び、より効果的に活用していきましょう。

まずは、経費をかける集客をメインとするのか？　なるべく経費はかけずに「手間と時間」をかけた集客をメインとするのか？　といったパターンの選択。またその際、あなたが「いくらの予算を集客に使えるのか？」といった点も、明確にしておきましょう。

続いて、「あなたのお客様はどこにいるのか？」という視点を元に、実際にリサーチも行いながら、集客の「手段」を決定していくのです。手段そのものについて悩む場合は、まず手始めに、本章で紹介した「5つの集客手段」の中から、あなたの現状に合ったもの、または好みのものを選んで、実践してみてください。

実際には、集客は「出たとこ勝負」といえる部分が多いことも事実です。「これで絶対に上手くいく」と断言できるものは、存在しません。だからこそ、「成約率の改善・閲覧者数の増加」といった集客の本質をおさえた上で、改善を続けるべきなのです。

あまりに大きなリスクはかけることなく、すべてを「実験的に進めていく」くらいの気持ちで取り組む方が、その成功率は上がるものですからね。

第5章のポイント

- 「成約率の改善」と「閲覧数の増加」対策を、常に考える。
- あなたのお客様はどこにいるのか？　見極める。
- ターゲットと予算の兼ね合いを考え、適した集客手段を選び、まずは1つを徹底する。
- 可能な範囲のリスクはとる。

第6章

お客様が「減らない」サロンをつくる

1　リピート率アップの重要性

あなたは、「絶対に繁盛するサロンの条件」を、ご存知でしょうか？　先に答えから言ってしまうと、お客さまが「減らない」サロンであることが、絶対に繁盛するサロンの条件となります。多くのサロンは、「お客様を集めること」に悩んでいますが、実は、「お客様が減らないこと」のほうが、遥かに重要です。

お客様が「減らない」サロンは、少ない新規でも成長し続けます。集まったお客様が「ドンドン貯まっていく」状態ですからね。逆に、お客様が「減る」サロンは、集客をがんばっても成長しません。仮に、「月に3名の新規」が来ていて、売上が伸びていない1人サロンがあるなら・・・。そのサロンは間違いなく、お客様が「減っている」のです。

つまり、「たくさん集客できるサロン」よりも、「新規は少なくても、どんどんリピートされるサロン」のほうが、圧倒的に強い。もちろん両方できれば短期間で繁盛店になりますが、「集客が苦手」という方でも、「高リピートサロン」になれば、繁盛店への道は開けます。何より、時間はかかっても、経営的にはそのほうが安定しますからね。

ドンドン集客しながらも、ドンドン失客しているサロンは、「新規集客が落ちてきた時点で」、売上も下降し始めるのです。例えるなら、「穴の空いたバケツ」に、どんどん水を注いでいる状態。

〔図表21　穴の空いたバケツ〕

一見上手くいっているようにも見えますが、実は常に危険な状態と言えます（図表21）。

対して、注ぐ水の量は少なくても、「穴が空いていない」バケツなら、少しずつであっても着実に、バケツ内の水は増えていきます。

あなたは、どちらのバケツがいいですか??

「毎月２００人の新規集客」に成功して、潰れた美容室

脅すつもりはありませんが、ここで「リピート率の怖い話」をご紹介しておきましょう。これは実際にあった話なのですが、私が知る美容室で、「毎月２００名の新規集客」に成功しながらも、結果的に潰れてしまったサロンがあります。集客に成功しつつも、なぜ廃業に追い込まれてしまったのか？　その最大の原因こそ、「リピート率の低さ」にあったのです。

このサロンには新規リピート率を計測できるシステムがあったのですが、活用されていませんでした。リピートにもう少し注力していれば、違う結果になっていたハズですが・・・。

「いくら集客できても、固定化しなければ自転車操業になる」。少し考えればわかることですが、これが現実の事態となったとき、真剣にこの問題と向き合えるオーナーは意外と少ないものです。

なぜなら、「新規はドンドン集まっている」＝「売上としては成り立っている」から。「ドンドン失客しているけど、新規もガンガンに集まっている」この状態は、「店が上手く回っている」という錯覚を起こします。売上としても「ある」状態がしばらく続くので、1番キケンです。

何らかの原因（近隣への競合店の出店・広告媒体の弱体化・自店の経年による集客力の低下）で新規が減り始めれば、一気に崩壊します。

これは極端な事例ですが、いかにリピート率が大切か？　また、「集客できても固定化しないサロンの危険性」が、如実に現れた実例と言えるでしょう。

2　リピート率アップしたサロンの成功事例
「東京都　LIB Hair」「岐阜県　ar the spa」

東京都の美容室「LIB Hair」。

オーナーの駒井さん（図表22）とは、もう5年ほどのお付き合いがあり、様々な面でサポートさせていただきました。こちらのサロンはまさに、「超高リピートサロン」。いわゆる「広告」の類は一切使わず、毎月安定して１００万円以上の売上があります。

数年前から取り組んだ「アフターフォローの強化」にも真摯に取り組まれ、新たな挑戦も意欲的に進められています。今後まだまだ成長しそうなサロンの１つです。

〔図表22　駒井オーナー〕

何より、「今目の前のお客様」を大切に想うオーナーのサロンが「超高リピートサロン」となったのは、必然的な結果とも言えます。

岐阜県のエステサロン
「ar the spa」。

オーナーの窪田さん（図表23）とも、もう5年来のお付き合いになります。彼女もまた、超高リピートサロンのオーナーです。

「費用対効果として、悪くない」という理由で、一応広告は使ってい

〔図表23　窪田オーナー〕

るものの、そこからの集客はそんなに多いワケではありません。しかし、そもそも単価を高く設定し、値下げせずに集客。「リピートしていただけるから十分」なのだそうです。

１人サロンながら、月商は多いときで２６０万円ほど。「１００万円をきることはない」ということで、余裕の年商１０００万円超えの人気サロン。「月間客数は30名あるかないか」ということですので、「高リピート・高単価サロン」の成功例と言えるでしょう。

そして、それを実現していることは、やはり窪田オーナーがその「価値」を、毎回お客様にしっかり提供されているということなのです。

１人サロン経営において、理想的な形の１つと言えますね。

3　カウンセリングでリピートは8割決まる！

「目の前のお客様が、リピートされるかどうか？」これは、あらゆる要素で決定しますが、「カウンセリングで8割決まる」と言っても過言ではありません。つまり、他がいくら素晴らしくても「カウンセリングがダメならリピートしてもらえない」ということです。

カウンセリングに関しては様々なノウハウが出回っていますが、私に言わせれば、重要ポイントはたった1つ。「ファーストボイスのクリア」です。「ファーストボイス」とは、「お客様が最初に口にした、悩みや希望（こうなりたい）」のことを指します。

お客様は基本、「この実現のために」、あなたのサロンに来店されるのです。つまり、それに対して今日、あなたに対価を支払うことを決めています。ですからここは、ゼッタイに外してはいけません。

まずは、そのイメージ（お客様のこうなりたい）をしっかりと「共有」すること。意外とこの「共有」が不十分で、失敗に繋がることがあります。そして、何がなんでもクリアしてください。極端な話、「10キロ痩せたい」これがファーストボイスなら、どんな手を使ってもいい。それを実現する以外、あなたに道はありません。

ただ現実的に、「今日1回きりの来店で、10キロ痩せてもらう」というのは、不可能に近い（と

いうより不可能）ですよね。そういった場合、

・どれくらいの期間
・どれくらいの頻度で
・どういったメニューを受ければ

それが実現するのか、具体的にお伝えしましょう！　これを私は「期待値の調整」と呼んでいます。「今日1回で実現できること・今日1回では実現できないこと」これらを明確にし、お客様に伝えた上で、「お客様の希望をパーフェクトに叶えるために、必要な提案を行う」。

これをしっかり事前のカウンセリングで行うことで、過剰な期待を事前に「調整」することができます。逆にこの調整を怠ったり、調整に失敗すると、たとえあなたがミスをしていなくても、「期待ハズレ」と、感じられる可能性が高まるのです。

また、「ご予約いただいたメニュー以外のもの」がオススメなら、それも伝えるべきです。オプションや商品も必要なら、それらも100％伝えましょう。お客様の希望を叶えるために必要なものを伝えるのは、プロの義務。伝えた結果、「買う・買わない」は、お客様の自由なので、気にする必要はありません。

【田村】「期待値の調整ミスは、実際に現場ではよく起きているので、キャリアが長いベテランオーナーこそ、注意が必要です。しっかりとファーストボイスのイメージを共有し、期待値を調整した上で、ベストな提案を心がけましょう」

4　カルテに本来残すべきものとは

「1人サロン最大の強みは何か?」と問われれば、私なら、「パーソナルな対応ができること」と、答えます。そして、その「パーソナルな対応」を支えるために必要な重要アイテムこそが、「顧客カルテ」です。

多くの場合、顧客カルテは新規来店時に、

・住所、氏名、生年月日、職業
・ＤＭ送付の可・不可
・アレルギー、疾患に関する質問
・来店動機

といった情報を書き込んでもらいます。

その後は、施術内容や会計明細などを残す場合があるでしょう。もちろんそういった情報も必要ですが、最も大切なのは、「その方と関わった人しか、知り得ない情報を残すこと」なのです。

何度も通っていただくうちに、何気ない会話から拾える情報は沢山あります。

・趣味関心
・家族に関するもの

・仕事内容の詳細
・好みやこだわり
こういった情報を、なるべくカルテに残していきましょう。そうすれば、その人が来店する前に、毎回カルテに目を通しておくことで、「感覚ではない」情報に基づいた「パーソナルな対応」も可能となります。

また、何らかの理由で「半年・1年」といった期間を経て再来店された場合にも、「どんな人だっけ？」と、ならずに済むのです。

例えばスタッフが10名いるサロンでは、お気に入りスタッフを発掘して「指名」しない限り、誰に担当されるかわかりません。施術そのものはもちろん、接客サービスや細かな対応に関しては、いくら「マニュアル化」してもバラつきがあり、その統制には限界があります。

しかし、あなたのサロンに行けば、間違いなく「あなた」が担当してくれる。1人サロンなのですから当たり前のことなのですが、この「当たり前」こそが、「強み」へと変わるのです。常に担当スタッフが「1人だからこそ」、それぞれの対応について、「微妙なチューニング」も可能となります。

駆け出しで、顧客が少数のときは「記憶」できるかもしれませんが、顧客が増えてきたときには限界が生じます。忙しいサロンワークの中で「パーソナルな対応」を実現するには、「顧客カルテ」が欠かせない存在と言えるでしょう。

「あなたのことをわかっている」に潜む罠

余談ですが、ここでよくハマりがちな落とし穴についても、触れておきましょう。1人サロンは常に「あなた自身」が対応するからこそ、パーソナルな対応が可能となります。また、カルテをどんどん更新していくことで、それはさらに強固なものとなる・・・。

と、ここまではいいのですが、注意も必要です。あまりに過去データに頼り過ぎてしまい、「あなたのことは知っていますよ。何でもわかっていますよ」といった対応を強化しすぎると、失敗に繋がることもあるのです。

例えば、私にもこんな実体験があります。待ち時間にドリンクを伺ったとき、いつも、「ホットのブラック」という返事の方がいらっしゃいました。私はあるときから、何も聞かれなくても「ホットのブラック」をお持ちしていたのですが・・・。

ある日、カラーを塗り終わってその場を離れようとしたとき、「あ、田村さん。今日はアイスにしてもらえる?」と、言われたのです。私はこのとき、「しまった!」と思いました。もしかしたら、以前から「ホットブラック」の気分ではなかった日があったのかもしれない。「気の利く行動」をしていたつもりが、「あなたのことはわかっている」という慢心から、ミスをしていたかもしれない・・・と。

この日から、「普段○○だから、今日も○○だろう」といった安易な考えは、捨てることにしました。少し考えてみれば、その日の気分や体調によって、選択に違いが出るのは当然のことです。

それからは私もそのお客様に、「いつものですか？　今日は暑いし、違うのにしますか？」と、毎回、一応ドリンクメニューをお見せするように対応を変更したのです。

「ドリンクメニューの選択」を例に出しましたが、他のあらゆる対応にも、同じことが言えます。

1人サロンでパーソナル情報を網羅し、個々に合わせた対応が可能「だからこそ」、それを踏まえてデータに慢心しないよう、常に注意を払ってください。

例え10年来のお付き合いがあるお客様であっても、驚くほどつまらない理由で、失客したりするものですからね。

【サロ美】「付き合いが長かったお客様でも、いきなり失客すること、あるのよねー。アレってナンデなの？」

【田村】「失客要因は様々なので、一概には言えませんが、『対応が、なぁなぁになってきたのが嫌で』といった声もよく聞きますから、要注意です」

5　今日からできる「お手紙作戦」

私はよく、サポートさせていただいているサロンさんに、「新規のお客様に、お手紙を書きましょう！」と、お話しています。

なぜならこれが、最もカンタンにリピートアップできる手段の1つだからです。

大切な点は、次の３つ。

・手書きで書くこと。
・便箋と封筒で出すこと。
・パーソナルな情報を入れること。

まず、お手紙は「手書き」であるからこそ、「手紙」なわけです。これが例えば本書のようにタイプされた文字なら、「コピーされた文章だな」と見られてしまいます。手書きということは、それなりに「手間がかかること」が誰でも容易にイメージできるので、「私のためにわざわざ書いてくれたんだな」と、普通は感じるものです。

次に、「ハガキじゃダメなんでしょうか？」と質問される方が必ずいらっしゃいますが、ハガキはダメです。なんとなく「ＤＭ臭」が強くなってしまいます。このお手紙では純粋に、「来店のお礼」をお伝えしたいので、便箋と封筒を使ってください。

「この時代に便箋と封筒のお手紙ですか？」と言われそうですが、「この時代だからこそ」です。あなたは最近、個人的にいつ手紙を受け取りましたか？　逆に、LINE@からのメールはいかがですか？　きっと、週に何通かは届いているのではないでしょうか？　そして、届いて嬉しいのは、どちらでしょうか？　それが、答えです。

純粋に「来店のお礼」を伝えることが目的ですので、内容は難しく考える必要はありません。あいさつとお礼に、少しパーソナルな内容を含めればＯＫです。

〔図表24　手紙の内容と例文〕

お手紙の内容

・来店のお礼
・ホームケアの方法、アドバイス
・施術内容や施術ポイント
・今後の提案や未来のイメージ
・パーソナルなメッセージ

【サロ美】「いや、そう言われてもさ・・・。何書いていいのか・・・」

【田村】「そう言われると思ったので、例文をお見せしながらポイントをお伝えしますね。あくまで見本の1つなので、この通り書く必要はありません」

あいさつと来店のお礼

山田花子さま
山田さん、こんにちは。
美容室バニラの田村です。
先日は、数ある美容室の中から当店をご利用いただきまして、
本当にありがとうございました。

今回の施術のポイントと、ホームケアのアドバイス

パーマコースを施術させていただきましたが、スタイリングは問題なくできていますか？　ご来店の際にもお伝えしましたが、ご購入いただいたスタイリングミストを全体に5プッシュくら

い。そのまま「パーマ感がほしい部分にのみ」、軽く揉み込んでいただければ良い感じにキマリます。もしも、「スタイリングが上手くいかない」、「パーマが思うように出せない」といったことがございましたら、ぜひお気軽にご連絡くださいね。

次回提案

次回は山田さんもおっしゃっていた「インナーカラー」も楽しみましょう。春スタイルもご用意しておきます。

パーソナルなメッセージ

それでは、お仕事お忙しいかと思いますが、くれぐれもお体には気をつけて頑張ってください。飲み過ぎにはご注意ですよ（笑）。次回も山田さんにお会いできるのを楽しみにしていますね。

と、こんな感じです。

今回はあくまで「例文」なので、基本的な要素をすべて盛り込みましたが、「すべて必要」というワケではありませんし、形にこだわる必要もありません。

大切なのは、「あなたの想い」です。

【サロ美】「でも、お客さんのこと、そこまで覚えてられる??」

【田村】「そこでやはり、カルテが大切になってきます。カルテに会話内容などを少し残しておけば、お手紙を書く時にも役立ちますからね」

【サロ美】「なるほどねー。ちゃんとカルテ書くわー」

6　1通のニュースレターで200万円？

「ニュースレター」という言葉は、サロンオーナーなら聞いたことがある方も多いでしょう。これは、あなたがサロンの顧客に向けて発行する、ちょっとした情報誌のようなものです。

人は「接触回数」に比例して、好感度が上がる傾向にあるので、ニュースレターはあなたとお客様の距離を縮めるのにも、役立つツールと言えます。そして実はこのニュースレター。リピートアップに役立つだけでなく、上手く活用すれば「売上アップ」にも繋がるのです。

滋賀県のエステサロン「C-Queen」青山オーナーは、なんと1通のニュースレターで「200万円以上の売上」を生んだそうです。新しいフェイシャル機材、それに伴うメニューのご紹介と、季節に合わせて全身脱毛のキャンペーンを掲載。

結果的に、そのニュースレターから少なく見積もっても200万円以上の売上が発生したとのこと。もちろん「顧客との信頼関係」があってこその結果ですが、ニュースレターがその威力を発揮した好例と言えます。

「スゴいけど、なんか面倒そう・・・」と思った方も多いかもしれませんが、ニュースレターの作成そのものは、カンタンです。私はよく、「オール手書きでいいですよ。」と、お話しています。

そして内容としては、次の中からいくつか選んで作成するといいでしょう。

・ホームケアの豆知識
・お店のイベント情報
・新商品、新メニューの紹介
・伝えたいメッセージ
・イベントのレポート
・あなたのプライベート日記

もちろん、毎回すべてを書く必要はありません。いくつかピックアップすればよいですし、特別伝えたいことがあれば記載しましょう。できればピンポイントで写真なども掲載すると、見やすく興味を引く仕上がりになります。

はじめから「キレイにつくろう」と考えず、気軽に始めてみることをオススメします。

7　「LINE@」でフォローする

「LINE@」よりも「お手紙」といった内容をお話した後ですが、業種によっては、「サロンに通っていることを、あまり家族に知られたくない」というパターンが存在します。先ほどはお手紙との比較になってしまいましたが、「LINEがダメ」というワケではなく、「アフターフォローなし」になってしまうよりは、遥かに有効です。

内容としては、「初来店のお礼」として新規客に送るなら、先にご紹介したお手紙と同じものにして、個別メッセージが好ましいでしょう。

ただ、LINE@を利用する場合、「登録しただけ」ですと個人が認識できないため、登録時の自動返信メッセージに、その場でスタンプ1つでも、返信していただくようにしてください。

【田村】「お手紙の代替え案としてお話しましたが、LINE@そのものは非常に便利なツールです。『LINE@で集客』といった話もありますが、実店舗のサロンにとっては、集客というよりも顧客フォローに向いています。

『登録時の特典を用意して、ご登録いただく↓キャンペーンやイベント開催のメッセージを送る』など、使い方は様々ですが、こちらから接触できる媒体としてかなり優秀ですので、余裕のある方は取り入れてみるのもいいでしょう。ただし、売り込みが強くなってしまうと、どんどんブロックされますので、注意も必要です」

8 「ウェルカムカード・サンクスカード」の活用

「どんなサロンでも使えるリピートアップの強力なツール」、それが「ウェルカムカード」と「サンクスカード」です。ウェルカムカードは主に新規客に使用。サンクスカードは、新規・固定客ともに使用できます。

特別なものは必要なく、名刺サイズくらいで、メッセージを書くスペースがあれば何でも構いません。100均などにもありますので、好みのモノを探せばいいでしょう。

では、このカードに何を書き、どう使うのか？　それぞれ、ご紹介していきます。

お客様の心を掴む！　ウェルカムカード

まずウェルカムカードですが、これは「来店前」に準備しておきます。お客様が座る席など、目に触れる場所に置いておくのです。

内容は例えば、こういった感じになります。

> 山田さま
> 本日はご来店、本当にありがとうございます。山田さまにご満足いただけるよう、精一杯努めますので、本日はよろしくお願いいたします。
> お気づきの点やご希望がございましたら、気軽にお申し付けくださいね。
> 担当スタイリスト：田村さとし

長々と書く必要はありません。ただ、できれば手書きで用意しておくこと。「私のために書いてくれた」という感覚を抱いてもらうことが重要です。そういった意味では、「お手紙作戦」の現場バージョンとも言えます。

特に新規のお客様は、多くの場合、緊張しています。様々な不安を抱えた状態ですので、「いち早く不安を解消し、リラックスしてもらう」というのは、とても重要なことです。ウェルカムカードは、その一助にもなり得るツール。何より手書きメッセージという面で、いきなり「あなたの人柄」も垣間見てもらうことができますからね。

トドメの１枚！「サンクスカード」

ウェルカムカードで心を掴み、カウセリングから施術、お会計まで終えたところで、サンクスカードの出番です。こちらには来店のお礼とともに、ホームケアや購入商品のアドバイスを記入します。

例えば、こんな感じです。

> 山田さま
> 本日はご来店ありがとうございました。もし後日、気になる点などありましたら、いつでもお気軽にご連絡ください。先ほどご説明もさせていただきましたが、今回のヘアスタイルは、「ドライヤーを後ろから当てる感じで」乾かしてくださいね。

担当スタイリスト：田村さとし

私はよく「お礼のお手紙」を推奨していますが、「退店時にメッセージカードをもらう」というのも、かなり心に残ります。私の場合、美容師ですので、美容室での例になりましたが、エステやネイル、リラクゼーションでも同じ。

・フェイシャルを受けた方には、「お顔のホームケアアドバイス」
・ネイルなら、「ネイルが長持ちするケア方法や注意点」
・リラクや整体なら、「腰痛になりにくい3分ストレッチ」

といった流れで、いろんな応用ができます。

これらは最初から、ある程度の「ひな形」をいくつか用意しておけば、ちょっとした時間につくることができます。お手紙作戦よりもさらに手軽で、カンタンに「お客様の期待を超える」ツールなので、ぜひ活用してください。

【サロ美】「仕事中にそんなことするの、面倒じゃない？」

【田村】「確かに手間は増えます。でも、こういった少しの工夫で、お客様の印象に残るなら、よくないですか？」

【サロ美】「まぁ、たしかに・・・」

【田村】「施術に関しては、お客様も事前にある程度、期待しているワケです。でないと、あなたの店に新規客として来店されません。そこで期待値の調整を行いつつ、ファーストボイスをしっかりクリアする。これはある意味、最低条件と言えます。その上で、さらに『期待以上だった』という印象を残すことができたなら・・・。そのお客様は、かなりの高確率で、またあなたのサロンに帰ってきてくれますからね」

9 常連さんほど「特別扱い」を露骨に

多くのサロンオーナーさんの目は「新規客」に向いていますが、「既存客」のほうが大切なことは、言うまでもありません。「今月の売上」を支えてくださる方の多くは、既存客であり「常連客」なのです。ですから常に、「常連さんほど得する仕組みづくり」を、心がけてください。

例えばクレジットカード等のシステムはわかりやすいですよね。毎月の利用料などが一定以上になれば、「ランクアップのお誘い」が届きます。ゴールド、プラチナとランクアップしていくと、様々な優待や特典が付与されるという仕組みです。つまり、「お客様は平等ではない」むしろ、「みんな平等」に扱ってはいけないのです。

ちょうど先日、日頃サポートさせていただいている美容室のオーナーさんから、こんなご相談をいただきました。

今、サロンの上顧客用にＶＩＰカードの特典を考えています。
現状、○○、○○、○○といった内容で考えているのですが、もう一歩、思い浮かびません…。
ＶＩＰカードはお客さんのワガママを多少聞いてあげる感じにしたいです。

という内容。「常連さんほど、得する仕組みをつくりましょう！」と、私は頻繁に口にするので、こちらのサロンでもしっかり取り組み始めているのです。とはいえ、その「内容」には誰もが悩みます。そこで、私からの提案はこうです。

「月1回」もしくは「年○回」サロンでのスタイリング無料（特別なお出かけの日にいかがですか？）みたいなのは、ヘビーユーザーにとって嬉しいですし、特別感がスゴいありますね。
実際に使う機会は少なくても、喜んでいただけますよ。

こういったサービスは、実際の「利用率」はそんなに高くならない場合が多い。もちろんご利用いただければ嬉しいですが、たとえ利用する機会がなくても、「その権利をもらった」というだけで、お客様は「特別感」を感じます。そこが、大事なワケです。

ぜひあなたのサロンでも、「常連さんが喜んでくれる、特別感を感じてもらえる工夫はできないか？」という視点で、考えてみてくださいね。

【田村】「とはいえ、難しく考える必要はありません。例えばですが、上顧客に対して、

・ポイントカードの還元率を上げる
・バースデープレゼントを送る
・限定イベントに招待する（例えばあなた主催の無料バーベキューでもいい）

といった内容でもＯＫです。まずはあなたが取り組みやすい形で、始めてみましょう」

【サロ美】「でも、何を基準に『常連とか上顧客』を決めればいいの？」

【田村】「これは経営年数や顧客数によっても違ってきますが、

・通っていただいている年数
・年間のお支払額

といったものを基準に、どこかで区切るしかありません。私の場合、以前のサロンから、15年近く通ってくださるお客様もいらっしゃるので、やはりそういった方は、支払額に関係なくＶＩＰ扱いです」

10　「3」の法則

「3の法則」というのは私が勝手につけた名前です（笑）。私は占いやスピリチュアルといったも

のには全く関心がありませんが、やはり「3」という数字には、「何かある」と感じてしまいます。

実際、一般的によく言われる、「3回来店されれば、その後のリピート率は比較的高い」というのは事実ですし、「3」を基点に動いているものは、世の中に沢山あるように感じています。表彰台が「3位まで」なのも、何か深い意味があるのかもしれませんね。

少し話はそれましたが、ここではあなたの「リピート率」に直結する、「3」について、お伝えしていきます。

・3回の提案
・3回の接客
・3回、褒める

の、3つです。それぞれ見ていきましょう。

●3の法則①3回は新たな「提案」を

あなたのサロンに初めて来店された方に対して、「3回、新しい提案」ができれば、リピート率は上がります。ここで言う3回とは、

・初回来店時
・2回目の来店時
・3回目の来店時

のことです。

多くの人は、「1回目」は頑張って提案できています。

でも、2回目はどうでしょうか？　再来時にしっかりと「前回を踏まえて、より良い提案」ができている方って、半分以下のように感じます。

3回目の来店時となると、おそらく1割以下です。

「なんかさ、1回目はよかったのよ。一生懸命してくれて・・・」こんな声が、街には溢れているのです。

逆に、「3回目の来店時も、過去2回を踏まえてしっかり提案する」あなたにコレができれば、トップ1割に入れます。

とはいえ、ここで勘違いしてはいけません。「何でもかんでも提案すればいいのか？」というと、そんなわけもなく・・・。毎回のカウンセリングで、「お客様が求めているもの」をしっかりと引き出し、共有する必要があります。まさに、「ファーストボイスのクリア」であり、これを毎回やるのです。

【田村】「お客様の声を汲み取れない一方的な提案は、ただの押しつけ。マイナス効果でしかありませんからね。ちなみに常連客に対しても、『いつものでに甘えてはいけません。『いつ行っても変わり映えしないから』という理由で、長く通ったサロンをやめる方が、いかに多いか？　私はこれを自店の新規客を通して、痛感してきました」

●3の法則②3回来店で、毎回「接客」を変える

接客の「距離感」には、とても繊細な部分がありますが、意図的に「変化」をつけることをオススメします。例えば、私は試行錯誤の結果、このような形にたどり着きました。

1回目の来店

（距離感）基本的に、一定の距離感を保つ。一気に距離をつめてくるお客様に対しても同じ。

（提案）初回は、「ファーストボイスをクリアするための提案」に徹する。

2回目の来店

（距離感）初回よりも、少しだけ距離感の近い接客を心がける。
（提案）初回とは少し変化をつけた提案や、違う角度からの提案を心がける。

3回目の来店

（距離感）2回目よりも再び距離をとり、初回に近い距離感を保つ。
（提案内容）さらに2回目とは違った提案。今回はやらないものでも、その方にとって興味のありそうな提案の「引き出し」を見せておく。中・長期スパンの提案も心がける。

この「3回の提案」と「3回の接客変化」は、実際にリピート率を計測しながら編み出した現段階での「ベターな方法」なので、ぜひあなたのサロンでも試してみてください。

【サロ美】「なんか、ややこしいわね」

【田村】「実際やると、そうでもないですよ。特に、2回目、3回目と来店回数に応じて、ド

ンドンお客様との距離を縮めるサロンスタッフがほとんどなので。『3回目にもう一度、初回に近い距離感に戻す』というのはすごく大切です。厳密には、初回と2回目の中間よりも、少し初回寄りくらいがベストな場合が多いです」

●3の法則③3回「褒める」

「キレイになりましたね」

「今日のお洋服、○○さんにすごくお似合いです」

褒めて伸ばすとはよく言ったものですが、人間、やはりいくつになっても褒められるのは嬉しいものです。当然、これはあなたのお客様も同じ。ぜひ今日から、「お客様を3回褒められないか？」という視点を持って、お仕事してください。

人気サロンオーナーさんを見ていると、「褒め上手」が多いことに気づきます。そしてそれが、自然なのです。「お世辞」は、大人にはバレてしまいますからね。では、お世辞と「褒める」の違いは何か？　それは、「本心から出た言葉かどうか？」に尽きます。つまり、本心で褒めているのに「お世辞」とは取られにくいものです。

例えば、私もお客様を「褒める」ことは習慣にしています。「持ち物や洋服・メイクやネイル・髪型の変化」等を褒めるもいいですが、やはりあなたの「サロン業務に直結したポイント」は、押さえておきたいものです。

私の場合なら美容師なので、「仕上がりのヘアスタイル」を含めて褒める場合が多いですね。「本当にお似合いです」や、「すごく可愛くなりましたね」といったモノですね。

注意点として、いわゆる「若者」は、持ち物自体を褒めてもいいですが、「大人」は、「それがお似合いです」と本人を含めた褒め方が好まれる傾向にあります。

また、繰り返しますが「あなたの本心」ではない言葉は、「ただのお世辞」と取られてしまいますので、「思っていないこと」で無理やり「褒めよう」とはしないでくださいね。

11 「予約調整」の技術

「以前通われていたサロンは、なぜ、やめられたのですか？」私はよく、新規のお客様にこのような質問をします。「ウチの新規は他店の失客」であり、これは決して他人事ではないからです。「担当が辞めてしまったから」というのは、美容室ではよく聞くセリフですが、意外に多いのが、「予約が取りづらい店になってしまったから」という、驚愕の答えです。

つまりそのサロンは、お客様に支持され、人気店へと成長していった。しかしその結果、オープン当初から気に入って通っていたそのお客様は「予約が取りづらい状態」になり、店を離れてしまった・・・。なんて悲しい出来事でしょうか。

このような事態を避けるためにも、「予約調整の技術」というのは１人サロンにとって、とても大切なものと言えます。「予約調整」とは、つまり「お客様の言われるままに予約をいただくのではなく、ある程度サロンの都合に合わせて、予約を調整させていただく」ということです。

例えば、私が1人サロンを営んでいたとき。基本的にご予約は、「営業スタート時間から、なるべく前に詰めていく」という形をとっていました。

極端な話、明日のご予約が丸1日「空き」だったとしましょう。この状態でご予約の電話が鳴り、「明日の13時に、○○で予約したい」とご希望のお客様がいらしたら、あなたはどのように対応しますか？　本書を読み進める前に、少しイメージしてみてください。

ちなみに、私の場合、このような対応をします。

【サロ美】「明日の13時に、カットとカラーで予約したいんですけど。空いていますか？」

【田村】「ご予約のお電話、ありがとうございます。申し訳ございません。明日のその時間はすでにご予約いただいておりまして。午前10時でしたら空いていますが、ご都合いかがでしょうか？」

ここで、「10時でおさまれば」ＯＫですし、「午前は都合が悪い」となった場合は、12時あたりで調整するか？　いっそ最終受付時間まで遅らせます。

中途半端な時間の予約を「ゼロにする」のは難しいですが、この調整を行うことで少なくとも「減らす」ことは可能です。そうすることで、1日の受付可能枠を最大限、使えるようになります。

裏を返せば、これができていないサロンは、受付可能数を最大化できないので、「売上の天井」が、低くなってしまうのです。

「空いているから」と、お客様の言うままに予約を受けない。大きな声では言えませんが、これは私達のような1人サロンにとって、本当に重要なことなのです。

また、最初から「忙しい店」を演出しておくことで、「いつでも予約できる店」という印象を与えずに済みます。ずっとヒマならいいですが、あなたが頑張って「繁盛店」になりはじめたとき、「いつでも予約できる」と考えているお客様は失客する可能性が高まってしまうのです。

これはお客様が悪いワケではなく、元々「いつでも気軽に予約できる店」だったのが、いつの間にか「予約しづらい店」になってしまったのですから。お客様にとっては、「利便性が下がってしまった」という印象になっても、仕方ないのです。

余談ですが、多くの1人サロンオーナーから、「お客様同士が会わないように、予約時間を調整している」という話を聞きます。業種によっては「他人に会いたくない」という場合もあるでしょうが、基本的には、「お客様同士は、店内ですれ違うくらいが理想的」です。

こうすることで、「このサロンはいつも沢山お客様が来ている」という印象を与えやすく、予約調整にも一役買うので、覚えておいてください。

【田村】「人は、『少し頑張れば買えるもの』に価値を感じやすい、と言えます。世の中の限定商品など、まさにそうです。いつでも、どこでも買えるものではない。でも、少し頑張って探せば、買える。これくらいが、丁度いいのです。

逆に、あまりに流通量が少なく、頑張っても全く買えないものになってしまうと、諦めのほうが強く働き、興味を失ってしまいます。そういった意味でも、予約調整はサロンに役立ちますからね」

12　物販とリピート率には関係性がある

「物販とリピート率には、関係性がある」あなたは、これについてどう感じますか？　実は、物販売上の高いサロンほど、リピート率も高いという傾向にあります。

その理由はいたってシンプル。物販によって「満足度」が上がるからです。ほとんどの場合、サロンの商品というのは、提供している施術の内容とリンクしています。例えば、フェイシャルエステのサロンであれば、お顔に使う基礎化粧品やパックを販売していることが多いでしょうし、美容室であれば当然、ヘアケア製品やスタイリング剤などを販売していますよね。

では、お客様にそれらを、ご家庭でも使っていただくと、どうなるでしょうか？　あなたが選りすぐった素晴らしい製品なのであれば、お客様の「状態」は、それらを使っていないときよりも、よくなるはずです。例えば、基礎化粧品を変えて、お肌がより綺麗になる。ヘアトリートメントを変えて、髪の指通りがよくなるなど、何らかの変化が期待できますよね。

意外と多くの方が気づいていませんが、実はこれが、「サロンの高評価」へと繋がるのです。なぜなら、お客様からすると、「結果的に自分の○○が、より良くなったから」。

お客様は基本的に、悩みが解決することや、より希望の状態に近づくことを望んでいます。だからこそ、サロンにも来ていただけるわけですが、「サロンの施術のみでできること」には、限界があるのです（この辺りは、サロン経営をされているあなたなら、ご理解いただけるかと思います）。

そこで出番を迎えるのが、あなたがお客様のために選ぶ、サロンの物販商品なのですね。サロンの製品をお客様のご自宅でも使っていただくことで、お客様の「状態」は、より良くなります。この点については、「製品の力」なのですが、それはイコール、「サロンの力」でもあるのです。

私は美容師なので、当然ヘアケア製品をよく販売させていただきますが、特にそのお客様の「髪の状態」を改善するものは、少し前のめり気味でご紹介しています。なぜなら単純に、家でも毎日それを使っていただければ、髪が扱いやすく、お客様の理想通りの仕上がりに近づけることができるからです。それは結果、「あの人はカットが上手」という印象にさえも、繋がっていきます。当然ながらその「印象」は、リピート率のプラス要因となるのです。

このようにサロンの「物販」というのは、実はリピート率とも深く関わっています。あなたのサロンでも、ぜひ物販には力を注いでください。

【サロ美】「物販がんばったほうが、リピート伸びるなんて・・・」

【田村】「人によっては、驚きの事実ですよね。単純な原理ではありますが、知ったからには上手く利用してください」

13　第6章のポイント

本章では、「お客様が減らないサロンをつくる」というテーマで、実用的なリピートアップ対策や考え方について、お話してきました。実店舗サロンという商売は結局のところ、「目の前のお客様に、いかにして再来していただくか?」この連続です。

極端な話、「単価1万円で、毎月通い続けてくださるお客様」が、100人いれば・・・。もう集客など全くしなくても、月商100万円。年商1200万円となります。現実的には「集客力」も必要ですが、「新規客よりも顧客のほうが、ずっと大事」ということは、忘れないでくださいね。

第6章のポイント

- ファーストボイスのクリアは絶対条件。
- カルテを活用し、パーソナルな対応を。
- お手紙作戦は強力。
- 常連客さんほど得する仕組みに。
- 予約調整はどのサロンも必須。

第7章

月100万円稼ぐ
サロンの
目標設定とは

1　多くの人が陥る「目標設定の罠」

年末や年始に立てる、目標。しかし、この「目標」にこそ、ある罠が潜んでいます。結論から言いますと、多くの人が、「現状の結果を起点に」、目標を立てている。ここが間違いなのです。目標は、「欲しい結果から逆算して、つくっていく」。こちらが正解なのですね。

例えば、今の売上が「月40万円」だったとします。このとき、「今40万円だから、50万円にするには・・・」と、考えてしまう。一見「当たり前」のようにも見えますが、これでは理想の結果に到達しない。仮にいつか達成できても、随分と遠回りしてしまうハズです。

欲しい成果が仮に「月商１００万円」なら、現状が「月40万円」でも、「目標は１００万円。これを達成するためには・・・」と、逆算する考え方のクセをつけてください。あまりに突拍子もない目標は、さすがにオススメできませんが。現状がどうであれ、「サロン売上が月１００万円」くらいのものであれば、誰にとっても「絵空事」などではありませんからね。

【田村】

そもそも、売上を伸ばすというのは、手間や経費がかかる行動です。平たく言うと、面倒なことが沢山あります（笑）。小さな目標は一見、堅実にも見えますが、現実は違います。『その成果のために（例えば、あと月10万円の売上アップのために）そんな面倒なことをするのは嫌だ』という心理に、なってしまいがちなのです。

〔図表25　長澤オーナー〕

非常に言葉は悪いですが、大きなニンジンを自分の鼻先にぶら下げてしまったほうが、ある程度までは走りやすいのですね」

2 「最初から100万円しか見てなかった」から、開業初月から100万円になった事例「東京都　Order」

約半年前、東京都世田谷区にオープンしたばかりの美容室「Order」。オーナーの長澤さん（図表25）と出会ったのは、ちょうど1年前。私が唐突に開催した「お茶会」で、初めてお会いしました。このとき「秋頃に、独立したいと考えています」とご本人がおっしゃっていて、

【田村】「半年あるから丁度いいですね。

しっかり準備して、スタートダッシュしちゃいましょう！」

という会話になり、オープン前からサポートさせていただきました。

結果、開業初月から１１６万円の売上。その後もアベレージ１００万円を維持し、「年商１０００万円以上は確実」という人気ぶりです。

彼女の場合、「目標としては、はじめから月１００万円しか見てなかった」とのこと。そもそも数字目標として「１００万円」しか見ていないのですから、「それを実現するには？」という思考で行動します。これを半年、キッチリやったことが、今の成果に結びついているのです。

今でも十分人気サロンですが、ご本人としてはまだまだ高みを目指しており、今後の成長も益々楽しみなサロンの１つですね。

3　オープン初月で「1000人集めた」話

この話は私自身の「実体験」です。とはいえ、私が経営するサロンでの出来事ではなく、サロンに勤務していた時代に遡ります。

私は当時、新店舗の立ち上げ店長に指名されていました。これは、今思い返しても貴重な体験でしたが、その店舗は見事にオープン初月から１０００名ほどのお客様を集め、スグ軌道に乗ったのです。なぜ、そのような成果を残すことができたのか？　答えは明白で、「はじめから、それだけ集めるつもりで」、集客準備を行ったからと言えます。

当時の集客方法は実にシンプル。「スタッフによるチラシのポスティング」、「スタッフによるチラシの手配り」、「新聞折込チラシ」の3つ。つまり、紙媒体のみ。

あの当時、オーナーはまず間違いなく、「はじめから1000人は集めるつもり」だったのでしょう。「チラシのみ」といえど、その配布数は、かなりのものでした。オープン前だけでもスタッフを使って10万部単位の配布を行いましたし。オープン後も、朝のオープン1時間前の準備時間は、スタッフが交代で毎日ポスティング。1人がおおよそ1日200枚はポスティングしていたので、ザックリ計算で1日2000枚。年中無休でしたから、「毎月6万部の配布」という計算になります。しかもこの活動は「やめない」ので、年間72万部ほど、ずっとポスティングしているのです。そのような集客活動を継続した結果、オープン後数年が経過しても、月間の新規数は200名を切りませんでした。

まず、「これだけの売上をつくりたい」と考え、「それを実現するには？」と目標からの逆算を行う。それらを実践することで、一見スゴイ数字であっても、実現できるという好例ですね。

【サロ美】「1人サロンなんだからさ。私には関係ない話ね」

【田村】「それは違います！　20分の1スケールで考えても、サロ美さんのサロンに毎月10名は新たなお客様を呼べるのです。コレってすごくないですか？」

【サロ美】「確かに・・・。私も逆算して動くわー！」

4　あなたが欲しい「売上」はいくら？

ではここで、単刀直入にうかがいます。「あなたが欲しい売上」は、いくらでしょうか？　明確に数字で、口に出してみてください。「年商がイメージしやすい」という方は、年商で。「月商がイメージしやすい」という方は、月商で構いません。すべては、ここからスタートします。遠慮なく、宣言してみましょう！

もう少し突っ込めば、「得た収益で何がしたいのか？　なぜ、その収益が必要なのか？」これも明確に文章化して、書き出しておくことをオススメします。

「売上」など数字（お金）ベースの話をすると、抵抗を感じる方も一定数いらっしゃいます。しかし、人気サロンとは、それだけ、「お客様に喜ばれ、笑顔にして、支持されている」ということなのです。収益は、「お客様満足度のバロメーター」とも言えるでしょう。

実際、私がサポートしてきた人気サロンオーナー達は例外なく、「お客様目線で」常に物事を考えています。「売上目標も持つけど、それはお客様に支持された先にあるもの」と、強く認識されているのです。

そして何より、お客様に喜んでいただくことが、自身の喜びに繋がっているように感じます。こういうメンタルを持つ人は、遅かれ早かれよい結果に恵まれますね。

5　あなたの目標達成に「単価」は、いくら必要？

「売上」の目標を立てたら、次は、「あなたの目標達成に必要な単価」を、明確にしましょう。

究極にシンプルに考えれば、どんな商売の売上も、【客数】×【客単価】で、構成されています。

厳密にはここに、「リピート率」や「来店頻度」も密接に関わってくるのですが、今はひとまず、「客数と客単価で構成されている」と考えてください。

ここで例えば、今のあなたのサロンが、

・営業日数　月間25日
・1日の受付可能人数　4人

だとしましょう。この場合、1か月にこなせる最大客数が、100名となります。先に掲げた「アナタが欲しい月間売上」が、

・月50万円なら、必要な客単価は5000円
・月80万円なら、必要な客単価は8000円。
・月100万なら、必要な客単価は1万円。

と、なるわけです。

【田村】「とてもシンプルな計算ですが、『目標達成のために必要な客単価は？』と聞かれて

即答できる人は、非常に少ないです。目標売上だけが明確になっても、『何がどうなれば、その目標を達成できるのか？』ココが明確にならないと、自分は何に取り組むべきかさえ、見えてきませんからね」

6 あなたの目標達成に「客数」は、あと何人必要？

「売上目標」と、「目標達成の為に必要な客単価」が明確になれば、あとは「客数」です。多くの人は、「集客を強化したい」とか、「いっぱい集めなきゃ！」と焦っていますが、「何人のお客様を集める必要があるのか？」明確になっていません。

結果、気持ちばかりが焦ってしまい、次々と世に溢れる「集客ノウハウ」に、振り回され、疲れてしまうのです。私にはこれが、残念でなりません。実は多くの「1人サロン」にとって、「必要な客数」は、驚くほど少ないのですから。

目標を目指す上で、「あなたの目標達成に必要な客数」は、必ず明確に数値化しておきましょう！

とはいえ、算出する方法は非常にシンプルです。先ほどの例から仮に、

- 売上目標は100万円。
- 1か月の最大客数が100人。
- 必要な客単価が1万円。

だとすると、
【100人】－【現状の月間客数】＝【目標達成のために集めるべき客数】
と、なります。仮に現状の月間客数が50名なら、『あと50名必要』というワケです。

【田村】「厳密には現状の単価と『目標単価』に違いがあるので、今いる顧客の単価もすべて、目標単価にならない限り、この計算は正確なものにはなりません。とはいえ、そこまで加味すると複雑になってしまいますので、まずはこの計算でOKです」

7　いつまでに達成したい？

ここまでくれば、あとは「達成までの期間」です。「目標に期限を設けましょう！」と、あらゆるところで言われていますが、これは正論と言えます。理由はカンタンで、期限のない目標ですと、「行動計画」を立てづらいからです。

例えば、「ハワイ旅行に行きたいな」と思ったとき。漠然と「ハワイに行きたい」と考えている「だけ」では、なかなか旅行は実現しませんよね。逆に、「来年の4月にハワイに必ず行く！」と、「決めてしまえば」、必要な情報もドンドン集まり始める。仮に「資金が足りない」という場合でも、そのときまでに何とかなってしまうものです。「決めてしまう」力は、本当にあなどれません。

これは「引き寄せ」などという話とは関係なく、人間がそうできているだけの話。ですからアナタも必ず、目標に期限を設けてください。そして、達成することを決めてしまいましょう！

とはいえ、あまりに短期的な設定はオススメできません。「現在地と目標地点の距離」にもよりますが、半年、もしくは1年スパンくらいのものが、丁度よいでしょう。ここまでの例で、

・売上目標は100万円。
・1か月のMAX客数が100人。
・必要な客単価が1万円。
・必要な集客数があと50人。

だとするなら、「1年後の○月に、これらを達成する」といった感じですね。
ちなみに客数で言えば、「あと50人集める」と考えると一見、たいへんそうです。
しかし仮に「1年目標」なら、
50人÷12か月＝4・16・・・・
つまり、「毎月4、5人」集めればクリアできてしまいます。客単価に関しても同じです。仮に「あと3000円足りない」という状況であったとしても、1年の間に対策を進めて、達成できればよいのですね。
あなたもぜひ、目標達成までの期限を、今すぐ決めてしまいましょう！

【サロ美】「私も、期限を決めてがんばるわ！」

【田村】「半年、1年スパンで、しっかり見据えていきましょうね！」

8　目標に正解は「ない」と知る

ここまで「目標設定」についてお話してきましたが・・・。

実は、目標に「正解」はありません。

本書のタイトルは「1人サロン経営で月額１００万円・・・」としてありますが、何もすべての人に対して、「月１００万円はやるべきだ！」などと、私は微塵も思っていないのです。

「月10日働いて、30万円稼ぎたい」、「子育てもしながら、自宅で月20万円あれば御の字」、「バリバリ働いて、私は１００万円稼ぎたい！」

どれも素晴らしい目標ですし、どれもが正解なのです。そもそも人は、

●何が何でも、その成果が「必要な理由」がある。・・・極端な話、借金を背負っていて返済しなければならず、そのお金が現状では支払えないなど。

●何が何でも、その成果を手にしたい「理由」がある。・・・育児を楽しみながら、どうしても○○までに、○○円の学費も貯めたい。何が何でもフェラーリが欲しい、マイホームを建てたい、など。

このどちらかの状態のとき、初めて「本気」で行動します。

つまり、「明確な動機」が必要なのです。

要は、「あなたが心の底から欲しいと思える成果」でない限り（その目標が高いほど）、その達成

は困難に。

逆に「あなたが心の底から欲しいと思える成果」であるなら、達成されやすいということなのです。

ですから、目標に正解はありません。

誰かに「与えられた目標」を目指す必要もありません。

あなたはアナタの価値観において、「本当に欲しい成果」を目指せばいいのです。

9　大切なのは売上目標ではない

「目標を逆算しつつ、細分化して、数値化しなさい」といった話をしてきた上で、さらにこんなことを言うとお叱りを受けてしまいそうですが・・・。

実は、本当に大切なのは「目標売上」や「目標単価」ではありません。「行動計画」こそが、最も大切なのです。

例えば、あなたの目標達成のために、「毎月、あと4人の新規客が必要」ということが明確になったとします。

では、「あと月4人集めるために、どうするか？　いつ、何をするか？」、これこそが「行動計画」です。

綿密な行動計画はいらない

「行動計画」とはいっても、まずは「ザックリ」でOKです。例えば、

・今月中にチラシを作成する。
・来月○日から、1日○枚、3か月間自分でポスティングする。
・チラシの反応を見て、3か月後のチラシ案を考える。もしくは○○の広告を検討する。
・11月はボーナス商戦のため、○○に広告掲載する。

こんな感じで、まずはザックリ行動予定を立てていくのです。

主な行動さえ明確にしておけば、それに付随する行動も明確になっていきます。「付随する行動」とは、「チラシの印刷をどこに出すか検討する」とか、「○○の広告費や内容確認のため、○○社に連絡する」といったものですね。

特に最初は、

・超ザックリ年間行動計画
　←
・ザックリ半年行動計画
　←
・ちょいザックリ直近3か月の行動計画

くらいの感じで、考えてみてください。

最初からあまり綿密な計画を立てようとすると、まず「計画づくり」でイヤになってしまいますからね（笑）。

ザックリ計画の威力

この「ザックリ計画」は、かなり強力な考え方です。

私自身、今も前述したくらいの「ザックリ計画」ですし、サポートしているサロンオーナー達にも、このやり方を推奨しています。

「事業なのに、そんな感じで大丈夫なのでしょうか？」特に男性オーナーから、このようなツッコミをいただくことがありますが、ご安心ください。ビジネスはどのみち、「計画通り」になりません。

誤解のないように言っておきますと、「行動そのもの」は、計画通りに行ってください。

しかし、その「成果」は、究極的には「やってみないとわからない」のです。

ビジネスは常に、「事実だけ」を見つめて、「仮説」を立てて「行動」し、その「結果」を見て「検証」し、「改善」する。そしてまた、仮説を立てて・・・この無限ループなのです。

ですから基本的には「何ひとつ」、あなたの思い通りの結果にならなかったとしても、何も不思議ではありません。

単に、「アナタの仮説」と「事実」にズレがあったということが「判明した」というだけの出来事なのですから。

とはいえ、スタート地点は「事実を見つめて仮説を立てる」こと。これ抜きでは、何も始まらないのです。

そして、行動なくして何の成果も得られるハズがありません。だからこその「行動計画」であり、「ハズレて当然」だから、「ザックリ計画で進む」が、正解。コレが、最も早く「あなたの欲しい成果」にたどり着く、唯一の考え方なのです。

10　自分の目標が「イメージできない」場合の特効薬

時々私のもとに、「売上は○○くらい欲しいです。でも、今の自分にはイメージできません・・・」といったご相談が届きます。

残念ながら、この状態のままですと、目標達成は難しい。なぜなら、「自分ができるイメージがない」＝「行動のモチベーションが生まれない」からです。

でも、ご安心ください。これには特効薬が存在します。

その特効薬とは、「すでに達成している人に会いに行く」。

これは、本当によく効きます。

もちろん、「その人に会っただけ」で達成できるかと言うと、違います。

しかし人間、不思議なもので、そういう方と複数、もしくは何度もお会いしていると、いつの間にか「自分にもできるかもしれない」→「自分にもできる気がしてきた」→「私にもできるはず!!」と、メンタルが変化していくのです。

「あなたの理想の目標」をすでに達成している人にとって、すでにその目標は「日常」。つまり、「普通のこと・当たり前のこと」になっています。当事者になればわかりますが、サロンで月商100万円だろうが500万円だろうが、それが続けば、ある意味「特別なこと」ではなくなってしまうのです。

そんな方に直接触れていると、いつの間にかその「当たり前」が感染し始めます。人によっては、一度話しただけで、感染することもあるでしょう。

かくいう私も、その事実に気づき始めてからは、「こんな風になりたい」という自分のイメージをすでに実現している人には、積極的に連絡を取りますし、可能であればお会いするようにしています。

ですからあなたが、「欲しい成果はあるけど、達成した自分をイメージできない…」という場合。すでにそれを達成している人を探して、会う機会を見つけましょう!

例えば、あなたが1人サロン経営者で(高確率でそのはずですが)、「月商100万円が目標!」という場合なら、まず私に会いに来てください(笑)。ここで広報する気は全くないのですが、東京・大阪で不定期ながら、ランチ会を開催しています。毎回、人気サロンオーナーもいらっしゃいますし、私とも無料でお話できる機会です。

（おかげ様でランチ会は毎回人気のイベントで、募集初日で満席となってしまうことも珍しくありません。興味のある方は、私の公式サイト「サロン集客部」より、無料メールセミナーに登録しておいてくださいね。イベントの優先案内も届きます）。

また、本書に登場する「成功事例」のサロンを検索し、ピンときたサロンに予約を入れて、行ってみるのもいいでしょう。

「田村の本を読んで、会いたくなりました」と伝えれば、色んな経営のお話も聞けるかもしれません。

少なくとも、皆さん素晴らしい方達ばかりですので、無下にされる心配はないでしょう。ただ、その際は皆さん「人気サロンオーナー」でお忙しいので、くれぐれも迷惑にならない範囲でお願いいたしますね。

11　第７章のポイント

不思議なものですが、「目標」というものは、なぜか私達に力を与えてくれます。今となってはワケあって（クライアントの売上目標が、自分の目標に変わりました）私自身の目標売上というのは持たなくなってしまいましたが、やはり「ある程度の売上に達するまで」は、目標売上がある方が、明らかに有利です。

目標は、あなたの「行動理由」を明確にしてくれます。

目標は、「今あなたがすべきこと」の、指針になります。

そして時に目標は、あなたの力を最大限に発揮させる起爆剤になることもあるのです。

ぜひ、「明確な目標」と「ザックリ行動計画」を持って、「あなたの欲しい成果」を手に入れてください。

【サロ美】「苦手なのよねー。目標とか計画とか・・・」
【田村】「完ペキにやろうとせず、まずはザックリ考えてみましょうね」
【サロ美】「まずはザックリね。やってみる！」

第7章のポイント

●売上目標を明確に。
●必要な「客数」「客単価」、達成する「期日」を明確に。
●行動計画こそが重要。ただしザックリ計画でＯＫ。
●目標は「あなたが心から欲しい成果」にすればいい。

第8章

ノウハウよりも大切なこと

1 「ノウハウ」∧「好かれる人」

ここまで、「1人サロンが月額100万円を実現する」というテーマに沿って、7つの秘訣をお伝えしてきました。

・ターゲット設定
・コンセプト
・価格設定
・メニューづくり
・集客
・リピート
・目標設定

それぞれ、1人サロンの売上アップに欠かせない要素ばかりとなっています。これらはすべて「机上の空論」ではなく、まず私自身がサロンにおいて実践してきたもの。そして何より、私がサポートさせていただいているサロンで実践し、様々な業種のサロンにおいて、大きな成果を残すことに貢献してきたモノばかりです。

つまり、「数多くの現場で試され、その効果を実証されてきた、現場生まれのノウハウ」と言えるでしょう。

ただ、ここで1つ。あなたにお伝えしておきたいことがあります。実はノウハウよりも、さらに重要なことが、いくつかあるのです。その中の1つが、「あなた自身が、好かれる人であること」。「根も葉もないじゃない！」と言われてしまいそうですが・・・。事実なので、仕方ありません。

「人からどう見られてもいい。あなたらしく生きればいい」といった思想に、最近は人気が集まっています。個人的に私はこの意見に賛成です。私の座右の銘は、「他人が何を言おうと、それでおまえの人生が最高やったらエエがな」ボクサー、辰吉丈一郎さんの言葉なのですが、私はこの言葉が大好きです。一度きりの人生、好きに生きたもの勝ちだと思っています。しかしこれはあくまで、「人生において」の話。「人生観」と、「経営」は別ものです。

人生においては、そう考えている私も、「お客様の目に、どのように映っているか？」は、かなり気にしています。同業にどう見られても関係ありませんが、お客様の目には、気を配っているわけです。なぜなら、「あなたのサロンに行きたい！」と決めるのは、お客様だから。つまり「お客様に好かれること」は、とても大切なのです。

極端な話、「10人とお会いして、9人に嫌われるAさん」のサロンは、流行りません。人気サロンオーナーとお会いすると、もれなく「魅力的な方」ばかりです。皆さん、「好かれる人」だと感じます。

では、「好かれる人って、どうやればなれるの??」という話ですが、まずは、「嫌われる要素」を、徹底排除すればＯＫ。たとえば、「清潔感」なんかは外せません。

・服装
・メイク
・立ち居振る舞い
・匂い
など。お客様の「不快」に繋がりそうなモノに気をつける。店内も同じですね。意外なほど、掃除が行き届いている店って、少ないです。
照明にホコリが・・・
お手洗いの角に、ホコリが・・・
窓枠の縁が汚れている・・・
鏡に汚れがある、曇っている・・・
お客様は「驚くほど敏感に」察知しています。また、言葉は悪いですが、「なんとなく暗い印象」の人は、即アウトです。人は、明るく元気な人のところに集まります。そういう人に会うと、なんだか自分も元気をもらえるからです。
「笑顔が絶えず、いつも元気で、言葉づかいも丁寧」
この辺りには、気をつけましょう！　まとめてしまえば、「清潔感があって、いつも明るい人、店」は、好かれやすい。とてもシンプルながら、徹底できる人は少ないのです。こういった点が抜けていると、どんなノウハウや方法論も、たいした威力を発揮しませんからね。

2 「ノウハウ」＜「技術力」＋対応力

「技術だけが良くても、サロン経営は上手くいかない」これは確かに、1つの事実ではあります。とはいえ、「技術力」というのは経営ノウハウを活かす「前提条件」です。ラーメン屋に例えるなら、「ラーメンの味そのもの」。どんなに素晴らしい経営ノウハウを駆使しても、「不味いラーメン屋」が流行ることはありません（笑）。

サロンにおいても同じことが言えます。正直に言いますと、多少、技術が「おざなり」でも、対応力があり、経営能力があれば、「ソコソコ」まではイケます。しかしこのパターンで、「繁盛店」と呼ばれるほどのサロンを、今のところ私は知りません。

考えてみれば当然のことで、「お客様は根本的に、何に対価を払っているか?」というと、「あなたの施術に対して」支払っているワケです。そう考えると、やはりあなたのサロンを「繁盛店」と呼ばれるまでに育てるつもりなら、「技術力」は磨き続けるべきだと言えます。

多くの場合、ある程度の経験を積めば、「技術力の差」というのは「微かな差」です。その違いを言語化できるほどのお客様は、おそらく少ないでしょう。しかし、「何か」が違う。この「何か」という言語化も難しいような「微差」を、お客様はしっかりと感じ取っているのです。そしてそれは、やがて大きな差となって、サロンの数字に現れてきます。技術力は、常に高い水準を目指し続けるべきなのです。止まったら、そこで終わりなのですから。

また、サロンにおいて、あなたの磨き上げた技術力を最大限に発揮するためには、「対応力」が問われます。これは、美容室をイメージするのが最もわかりやすいでしょう。「あなたが、なりたいヘアスタイル」を美容師に伝えたとき。カウンセリングを通して、そのイメージをあなたとしっかり「共有」できなければ、あなたの理想の仕上がりにはなりません。単に技術力だけがあっても、ココが欠如していれば、お客様に喜んでいただくことは、できないのです。

技術差が伝わりやすいものから磨く

ちなみにあなたが、この話を聞いて、「技術を磨こう！」と決心したとき。扱うメニューが複数あるなら、「技術差が伝わりやすいもの」から、磨き始めてください。例えば、美容室において、実は「パーマ」というのは、非常に技術差が出やすいメニューなのです。

もちろん、カットも比較的わかりやすいと言えるのですが、「さほど長さを切らない人」、「頻繁にスタイルチェンジしない人」にとって、その「技術レベルの差」というものは、それこそ「微差」と言えます。つまり、カットする「量」、変更する「形」が少なければ、その差は見えづらいものになるのです。

対して「パーマ」は、かなり技術レベルの差が出ます。毛髪科学、薬剤知識なども本来は高いレベルで求められるため、そもそも難易度の高い技術なのです。つまり、すでにある程度の経験を積んだ美容師なら、パーマを磨くべきだと言えます。パーマに自信がある（ハッタリではなく本当の意味で）美容師は少ないので、相対的に「上手い美容師」とお客様から感じていただきやすいのですね。

あなたも、そういった「技術力の差」を感じて頂きやすいメニューから、まずは磨いていくとよいでしょう。「○○が上手い」とお客様から認定されれば、「他のメニューにおいても、そうだろう」という期待も、生まれやすくなるものです。

3「ノウハウ」＜「行動力」

どんな知識やノウハウも、「知っただけ」では何の役にも立ちません。そういった意味では、「行動力」こそ、重要であると言えます。私がサポートしてきたサロンオーナーさんの中で、目覚ましい成果を上げていく人は、例外なく「行動力」がある方ばかりです。

実際に行動に移すことで、その結果を初めて知ることができます。その結果を検証し、さらに改善して、行動を重ねるのです。多くの方は誤解していますが、実は行動の結果に「成功・失敗」はありません。いわゆる「成功」と感じるのは、行動の前に立てた「仮説」が、正しかったというだけの話です。次の行動も、そうなるとは限りません。同じように、行動の結果、いわゆる「失敗だった」と感じるのも、少し違います。それは単に、行動の前に立てた仮説が「ズレていた」というだけの話なのです。

「行動の結果に、一喜一憂してはいけません」私の師匠達の受け売りですが、「全く繋がりのない」2人が、口を揃えたように、よくおっしゃっていました。

多くの方が行動できない理由。実はその正体は、「失敗したら嫌だ」という気持ちなのです。もちろん、誰でも努力の結果が報われなければ、いい気はしません。私だってそうです。しかし、「失敗したくない」という気持ちが強くなると、まず行動できません。そして多くの場合、「それが原因で行動できない」ということに、本人も気づいていないのです。

これは考えてみれば当然のことで、「必ず上手くいく」と、もし事前にわかっていれば、誰でも実行します。「行動力」など問題ではなく、誰でも「やる」のです。「人が悩むのは、未来がわからないから。それがわかっていれば、誰も悩まない」これは、YouTuber としても有名な「DJ社長」がおっしゃっていたことですが、間違いなく事実であると私も感じます。つまり「行動力」とは、「未来の結果を恐れない鈍感さ」とも、言い換えることができるのです。あなたも、もっと鈍感になるべきです（笑）。

あなたの行動が、必ず実るとは限りません。しかし、それでいいのです。そもそも「行動の結果は、9割思い通りにいかない」。これくらいのスタンスで、丁度いいと言えます。

例えるなら、「必ずアタリが入っている、クジ引き」だと考えてください。あなたの目の前に、100枚のクジが入った箱があります。「クジを引く」ということが、イコールあなたの「行動」です。事前にこの中に、「何枚のアタリがあるか？」は、わかりません。しかし、確実にアタリは入ってはいます。つまり、「クジを引き続ければ」、必ずアタリを引くときがやってくるのです。

多くの方は、「ハズレを引くのが嫌だから」と、過去の失敗体験（と本人は思い込んでいるもの）から、「クジを引くという行為」そのものを、避けようとしています。それなのに毎日、「クジが当たらない」と、嘆いているのです。確かに、「そもそもアタリの入っていないクジ引き」なんかも存在します。これを何万回引いたところで、アタリが出ることはありません。しかし当の本人はポジティヴ「過ぎる」ので、そのことに気づいていないのです。

でも、ご安心ください。ここまで本書をお読みいただいたあなたにとって、今、目の前にあるのは「必ずアタリが入っているもの」です。あとは、クジを引き続ければいいだけですからね。

4　成功サロンと失敗サロンの決定的な違い

「成功サロンと同じことをやっているのに、結果が出ない…」こういうことは、現実に起こります。

そしてそこには、決定的な「違い」があるのです。結論から言いますと、

【成功サロン】常に For you

【失敗サロン】常に For me

この違いが、「成果」という形で現れているのですね。

「For you」のスタンスで経営しているサロンは、「このメニューを取り入れたら、○○さんは喜

んでくれるかな?」、「この商材を使ったら、○○さん、もっと良くなりそうだな」と、常に「相手(今のお客様や、未来のお客様)」を見ています。

対して、「For me」のスタンスで経営しているサロンは、常に「このメニューを売るには、どうすればいいかな?」、「この商品をドンドン売るには、どんな仕掛けが必要だろう?」と、常に目線が「自分」に向いているのです。

もちろん、「メニューを売る戦略」、「物販を伸ばす仕掛け」というのは存在するし、それを考えること自体は経営者として「健全」な行為と言えます。しかし、「根本的な部分で、相手を見ているか?　自分の都合ばかり考えているか?」というのは、やはり伝わっていくものなのですね。

あなたは常に「For you」の姿勢で、サロンづくりを行ってください。結果的に、それが商売繁盛への近道なのです。

5　モチベーションを保つ唯一の方法

モチベーションに関するご相談は、意外と多いものです。これに関しては1つの「答え」が出ていますので、ご紹介しておきますね。結論から言ってしまうと、モチベーションを保つ唯一の方法とは・・・「やる気になれなくても、行動し始める!」この一言に尽きます。そして、まだ怒らないでください(笑)。

多くの人は、「やる気になった（モチベーションが高い）ときこそ、行動できる」と、考えています。しかし、真実は「真逆」です。「やり始めるから、やる気が出て（モチベーションが高まって）くる」こちらが正解。これが人間の性質なのです。

「毎日ヤル気に満ち溢れている。」皆無とまでは言いませんが、こんな人は稀でしょう。私も、例外ではありません。普通は、ヤル気の高い日もあれば、そうでない日もある。だって、人間だもの・・・。しかし人間には、都合の良いことに、「やり始めることで、徐々にノってくる」という、便利な習性があります。心理学用語で、「作業興奮」と呼ぶそうです。この作業興奮、誰しも一度は経験しています。

「あ〜。なんか、メンドクサイなぁ〜」と思いつつ、いざ「やり始めると」なんだかノッてきて、気づいたら数時間・・・。誰でも一度や二度、こんな経験があるハズです。これこそが、まさに作業興奮。コレを活用しない手はありません。

つまり、「ヤル気ないけど、やり始めようか」でいいから、とにかく「行動を開始」する。そうすれば、徐々にノッてきて、いつの間にかヤル気になっている。こんなことが起きます。仕事に対してこそ、この心理状態を活用すべきです。実際、私も基本的にこの性質を利用して、仕事を進めているという場面が、多々あります。

「まずはやり始める」。ぜひ、あなたも「作業興奮」を上手く利用し、あなたが欲しい成果を手にするための行動に活かしてくださいね。

6「事実」と「意見」は違う

サロン経営をしていると、（特に軌道に乗る前や開業前といったタイミングでは）様々な人から意見をいただくことがあります。先輩経営者であったり、家族や友人であったり。しかし、「事実と意見は違う」ということを、覚えておいてください。

例えば、私が住む徳島県は、人口約78万人。サロンを出した土地の町人口は、わずか3万5000人ほど（それでも県内では人口が多い地域ですが）しかいません。控え目に言っても、いわゆる「田舎」です。そんな中、「高価格帯のサロンをつくる」というのは、非常識とも言えます。データだけで見れば、徳島県の平均所得は全国的に見ても低く、貯蓄額は全国的に見ると高い。つまり、「お金を使わない」「商売が難しい」と言われる地域の1つなのです。当然ながら、そんな中で「高価格帯サロン」をやれば、「そんなの上手くいかない」「悪いことは言わないからやめておきなさい」という善意の意見が入ってくるもの。

しかし、事実だけを見つめれば、県内でも高価格帯でやっているサロンはある。また、べつに県民性が「ケチ」なのではなく、「価値を感じるもの」にはしっかりお金も使う。私はそういった「事実」を通して、「最も高い価格でもやれる」と判断した（仮説を立てた）のです。

このように、事実と意見というものは、別物と言えます。時に、誰かの意見やアドバイスが必要なとき、また、それらが役立つときもあるでしょう。しかし、その「意見」を経営に取り入れる際は、慎重に判断してください。往々にして、事実と意見にはズレがあるのですから。これは長く経営を続けていく上で、本当に大切なポイントだと感じています。究極的には、経営者は「孤独」です。悩むこともありますし、不安になることもあります。これは、誰にだってあります。しかし、だからこそ、「他人の意見」には慎重になるべきなのです。

7　楽して儲かる＝リスクが上がる

費用対効果の部分でも少し触れましたが、サロン経営も事業としてしっかり収益を出していくなら、ある程度の「投資意識」は必要です。例えば広告掲載も投資の１つですし、新たなメニュー導入のために機材をリースするのも、投資の一種と言えるでしょう。

そこで、本書をここまで読み進めていただいたあなたには、ぜひ覚えておいて欲しいことがあります。「楽をして儲かる」というモノは、その「得られるであろうメリット」に比例して、リスクが高くなっていくという事実です。

例えば１人サロンにおいては、「集客に自分の手間と時間をかけない」という方向で進めていくなら、広告系がメインとなっていきます。ただ、広告がどの程度の費用対効果を生むか？（その効果を最大限に上げる努力・工夫は必要ですが）は、突き詰めると「やってみないとわからない」のです。場合によっては、マイナスになる可能性もあります。これが、「リスク」です。

これくらいのリスクなら、あなたにはできれば「とってほしいリスク」ではありますが。例えばこれが、「サロンを拡大し、スタッフを雇用する」という場合、どうでしょう？

スタッフを雇用すること自体には、良いも悪いもありません。雇用を生み出しているということなので、それは素晴らしいことでもあります。また、スタッフを育成してお客様を安心して任せることができるようになれば、「あなたが働いていない時間」も、収益を生むことができます。極端な話、あなたが1か月入院しても、売上はゼロになりません。その規模が大きくなれば、総じて「楽して儲かる」という状況をつくることも可能です。

しかし、そのメリットの規模に応じて、やはりここでも、リスクは大きくなります。規模が大きくなったところで、集客が傾けば、一気に経費が重くのし掛かってくるのです。これは実際に人を雇用しないと感じ得ませんが、「給料を必ず支払わなくてはならない」、「スタッフを食わせていかねばならない」というプレッシャーは、かなりの重圧です。

「投資意識は持ちましょう！」と言っておいて、「リスクも大きくなる」とお話ししているので、なんだか矛盾しているように聞こえるかもしれませんが・・・。いち経営者として、常に「自分がとれるリスクの境界線」を、明確にしておくことを、オススメします。

そして「楽に儲かる」という道は、それに伴ってリスクも大きくなるという事実。これを、心の片隅に残しておいてください。

8　月100万円の先にあるもの・・・

本章の最後に、「月100万円の先にあるもの」についても、お話しておきます。あなたのサロンで「月商100万円」が一度達成されると、その後も100万円を超える月が増えていきます。傾向として、「月商として、最低100万円を切らないように」という意識になっていくでしょう。これで、年商1200万円～1400万円辺りになります。

1人サロン経営でここまでくれば、ひとまず「人気サロンの仲間入り」を果したと言えます。もし、あなたが本書をきっかけに、このラインに達した日には・・・ぜひ私まで、ご一報ください。きっと、泣いて喜びます（笑）。

ところでそのとき。あなたはすでに「ある変化」を迎えているはずです。あれほど「目標」としていた「月100万円」が、「普通のことであり、日常」へと変わっているのです。人からは、「スゴいですね」なんて言われても、あなたにとっては日常なので、「そうかな？　べつに普通だけど」という感覚になっていきます。

こういう心境に辿り着いたとき、あなたに思い出して欲しいことがあるのです。

「事実だけを見つめて、慢心せず、自分を過小評価もしない。事実を見つめて、また仮説を立てて行動し、結果を検証して改善していけばいい」

これさえ覚えておいていただければ、もうあなたが「迷子」になることはありません。実際、「人気サロンへの道のり」というものは、平坦な道ではないでしょう。これは私も経験してきたことなので、よくわかります。きっとあなたも、たいへんな時期を経験するし、思い通りにいかないことは、多々あります。場合によっては、「眠れない夜」を過ごすことも、あるでしょう。「布団に入れば寝落ちるタイプ」の私でさえ、そのような経験をしてきましたから。経営を続けている人なら、誰しも一度や二度は、こういった時期を経験をするものです。

しかし今思えば、そうやって「明確な目標に向かい、四苦八苦している時期」というのは、ある意味「無我夢中」。幸せなのです。実際に自分のサロンが売れてしまったとき、「ここからは、何を目指していけばいいのか？」と、悩み始める人も、少なくありません。人によっては、長年にわたって目指していた目標を達成したことで、「無気力」に陥ってしまうことだって、あります。中には、売れたことで天狗になってしまうことも・・・。

だからこそ、あなたが「月１００万を達成したとき」には、思い出してほしいのです。「事実だけを見つめて、慢心せず、自分を過小評価もしない。事実を見つめて、また仮説を立てて行動し、結果を検証して改善していけばいい」

【サロ美】「なんで売れてから、これが大事なの??」

【田村】「経営者は、売れても何かしら悩んでしまうものです。悩みの種類は変わりますけどね。場合によっては方向性を見失うこともありますから。

おわりに

「サロンオーナーは、もっと豊かに、もっと自由になるべきだ！」

アナタは何のために、サロンを開業しましたか？　もしくは、開業しようとしていますか？　私の場合、高校生の時から「美容師になって店を持つ！」と決めていて。かつ、「リッチになりたい！」なんて思っていました。「なんかモテそう」とか。不純な動機もずいぶん大きかったことは秘密です（笑）。

あなたの場合は、どうですか？　リッチになりたいから？　その仕事が好きだから？　自分の「城」がほしかったから？　自由に働きたかったから？

人それぞれあると思いますし、何が正解・不正解というのもないですよね。では、開業した今。それは、どれくらい実現できましたか、１００％実現？　２００％？　50％？　10％未満？　いかがでしょうか？

ちょっといやらしい聞き方になってしまいましたが、正直、いかがですか？「１００％以上、実現したよ！」という方は別として。多くの方は、「道半ば」にいるのかと思います。

目標なんて、クリアすればさらに高くなる「通過点」ですし、誰でも「常に途上」とは言えますが…。

ただ、

「サロンオーナーは、もっと豊かになるべきだ！」

って、私はいつも感じています。だって、スゴイ仕事じゃないですか！　人をより美しくしたり、日頃の疲れを癒したり・・・。その結果、毎日が楽しくなったり、もしかしたら新しい彼氏ができたり。いつもより仕事を頑張れたり、またその結果、以前よりも社内で高く評価されたり・・・。

「ヘアスタイルが美しくなる」とか「手先がキレイなネイルで彩られてテンション上がる」とか、「ウエストが細くなって嬉しい」って部分は当然、超大事ですけど、そこで終わりじゃないですよね。サロンが提供できるものって、それらの「もっと先」にある、お客様の「より良い未来」のハズ。だから私はサロンって、「人生の〝質〟を上げる可能性を秘めた場所」ではないかと思うのです。これって本当にスゴいことで、カッコよくて、素晴らしい‼　「もっともっと、サロンオーナーは豊かになっていいはず！　高い評価を受けてもいいのに！」と、日々感じずにはいられないのです（事実、例えば美容師さんって、西洋や欧米では「デザイナー」であり、社会的地位も日本のそれとは別物だったりします。カット数万円の店とか、普通にありますし）。

そんな経緯もあって、私は美容師を「サービス業」と言われるのを嫌います。「デザイナー業」と呼びたい。他のサロンだって同じです。「サービス業」と括られたくないのです。

・・・・・もっと自由に！・・・・・

私はあなたに「もっと自由に」なってほしい。「サロンでしっかり収益を上げれば、ライフスタイルの自由度も上がる」私はこれを、実体験を通して感じてきました。収益が増えると、人生の「選択肢」は確実に増えます。「自由度」＝「選択肢の多さ」に比例する。

例えば、あなたが手取り年収1000万円になったとしますね。ブランドバッグを買おうと思えば、普通に買えます。「欲しい・欲しくない」は抜きにして、「買おうと思えばいつでも買える」という状態です。これが、「お金に対する選択肢の多さ」。

あなたがふと「家族との時間を増やしたい」と感じたなら、「営業時間の短縮」や「定休日の増加」も可能です。多少「総勤務時間」を削っても、そこまで売上を落とすことはないでしょう。十分な収益があるなら、いつでも実行できます。これは、「時間に対する選択肢の多さ」と言えますね。

あなたが旅行に行きたいとき。「1週間のリフレッシュ休暇」をとり、海外旅行に行っても大丈夫でしょう。「それで離れる顧客がいれば、それでいい」と、割り切れるようにもなります。これは、「お金&時間に対する選択肢の多さ」と言えるでしょう。

他にも、

・スタッフを雇用・育成して数年後には自分のサロン出勤時間を減らす。
・サロンを拡大する。2店舗目を出店する。
・自宅サロンからテナント出店し、事業拡大をはかる。
・値上げを行って、収益を維持しつつも労働時間を減らす。

など。収益が上がれば、あなたの「選択肢」はドンドン増えていくのです。

収益が上がり安定していれば、「私生活の自由度から、事業の方向性」まで。すべての自由度が上がっていくことになるのですね。

とはいえ、いくら私がここで吠えようが、いきなり現実は変わりません。「自分たちで、切り開いていくしかない」コレが現実です。「だったら、やってやろうじゃない！」そんな志を持った人達と一緒に私は、1ミリでもいいから。「サロン業界そのもの」を向上させたい。そんな想いを持って、今のお仕事をさせていただいております。

・・・・もっと豊かに！　もっと自由に！・・・・

言うのはカンタンです。でも現実に、あなたにも「体現」してほしいのです。心からそう思っています。仮に、今後ずっと私と関わることがなくても（これをお読みいただいている時点で、少し関わっていますが笑）。

あなたがサロンオーナーとして、もっと豊かに！自由に生きることで、サロン業界は少し、向上する。理想論ではなく、それも事実なのです。

本書を通して1ミリでも、あなたのサロン経営に貢献できれば・・・。1ミリでも、あなたの背中を押すことができたなら・・・。これ以上、嬉しいことはありません。

あなたのサロン繁盛を願って。

令和元年5月

田村　聡

1日5分で学べる！
月商100万サロンのつくり方

私の運営する公式ブログ「サロン集客部」では、本書の内容を要約した「イラスト図解テキスト」を、「無料メールセミナー」という形で配信しています。

また、ブログではサロン経営に役立つ情報を発信しているので、興味のある方はチェックしてくださいね。

著者略歴

田村　聡（たむら　さとし）

1980年、徳島県生まれ。

個人サロン売上UPアドバイザー、T-Works代表、繁盛サロン養成スクール主宰。

美容師歴20年。18歳から美容界に入り、通信制の美容学校に通いながら、アシスタント時代を過ごす。23歳で大型店の新店舗立ち上げ店長に就任。5年間勤めた後、28歳で独立開業し、1人美容室「Hair Lounge VANILLA」をオープン。当初は経営に苦戦しながらも、地方サロンながら高単価サロンを実現し、労働時間を圧縮しつつも、最高収益を更新し続ける。

2012年から、自身のサロン経営を綴り始めたブログが瞬く間に人気となり、ブログ開設後約2ヶ月でセミナーの開催に至り、東京・大阪にてセミナーを開催。募集1日で満席になってしまう人気講座となる。以降1年で、セミナー・講座を全国で10回開催。

現在は、美容師としてサロンワークも行いながら、個人サロン売上UPアドバイザーとして活動。主宰する通信講座「繁盛サロン養成スクール」からは、次々と繁盛サロンを輩出している。

イラスト：田村　奈美

1人サロン経営で月額100万円を実現する7つの秘策

2019年6月14日　初版発行　　2020年3月5日　第5刷発行

著　者　田村　聡　© Satoshi Tamura

発行人　森　忠順

発行所　株式会社 セルバ出版
〒113-0034
東京都文京区湯島1丁目12番6号 高関ビル5B
☎03（5812）1178　FAX 03（5812）1188
https://seluba.co.jp/

発　売　株式会社 創英社／三省堂書店
〒101-0051
東京都千代田区神田神保町1丁目1番地
☎03（3291）2295　FAX 03（3292）7687

印刷・製本　モリモト印刷株式会社

Printed in JAPAN
ISBN978-4-86367-497-4